本书由海南省"双一流"学科——海南师范大学马克思主义理论学科资助出版

现当代传承发展中华传统美德的价值阐释

许袖飞 ◎ 著

知识产权出版社
全国百佳图书出版单位
——北京——

图书在版编目（CIP）数据

现当代传承发展中华传统美德的价值阐释/许袖飞著. —北京：知识产权出版社，2025.5. —ISBN 978 - 7 - 5130 - 9628 - 7

Ⅰ. D648

中国国家版本馆 CIP 数据核字第 2024HS8707 号

责任编辑：兰　涛　　　　　　　　　　责任校对：谷　洋

封面设计：春天书装　　　　　　　　　责任印制：孙婷婷

现当代传承发展中华传统美德的价值阐释

许袖飞　著

出版发行：知识产权出版社 有限责任公司	网　　址：http：//www.ipph.cn
社　　址：北京市海淀区气象路 50 号院	邮　　编：100081
责编电话：010 - 82000860 转 8325	责编邮箱：lantao@ cnipr.com
发行电话：010 - 82000860 转 8101/8102	发行传真：010 - 82000893/82005070/82000270
印　　刷：北京中献拓方科技发展有限公司	经　　销：新华书店、各大网上书店及相关专业书店
开　　本：720mm×1000mm　1/16	印　　张：9.5
版　　次：2025 年 5 月第 1 版	印　　次：2025 年 5 月第 1 次印刷
字　　数：136 千字	定　　价：68.00 元

ISBN 978 - 7 - 5130 - 9628 - 7

目　录

绪　论

一、问题缘起

党的十八大以来，党和国家高度重视中华传统美德的传承发展，注重阐释中华传统美德的基本内容及当代价值。

新时代新征程，实现中华民族伟大复兴、建设社会主义现代化强国，必然要求推动中华文化繁荣兴盛，传承好、发展好中华传统美德。传承发展中华传统美德，是中华民族生生不息、发展壮大的丰厚滋养，是我国开展社会主义道德建设的重要支持，能够为实现中华民族伟大复兴提供更为主动、更为强大的精神力量。

基于新时代传承发展中华传统美德的必要性、重要性，本书在系统梳理现当代传承发展中华传统美德的立场、观点和方法基础上，重点阐明中华传统美德同中国革命道德和社会主义道德的关系，揭示现当代传承发展中华传统美德的规律，为新时代继续推进马克思主义基本原理同中华优秀传统文化相结合、建设中国特色社会主义文化提供有力支撑。

二、研究述评

现当代传承发展中华传统美德的基本内容及价值阐释隶属哲学（伦

理学、马克思主义哲学）、政治学、社会学、民族学等多学科范畴。中华传统美德是中国古代优良道德和中国近代以来革命美德的辩证统一，是伴随着中国特色社会主义事业的持续推进而不断发展的马克思主义伦理思想中国化的新成果。从大历史观的角度对传承发展中华传统美德的内容及价值进行研究，无疑是一项重大的前沿理论课题和实践课题。下文将分别从国内相关研究、国外相关研究、现有研究的不足三方面做述评。

1. 国内相关研究

第一个阶段，20 世纪初至 20 世纪 40 年代末。20 世纪初中国社会变革和近代文化语境中，推进中华传统美德的"传承发展"问题是指中国马克思主义者及知识分子对于"古代文化中的道德与相关遗产"的继承。以李大钊、毛泽东等为代表的中国马克思主义者主张批判吸收中华传统美德，如李大钊、毛泽东在《改造我们的学习》《新民主主义论》等文章中对传统文化与传统道德的态度表现为"批判地吸收"。总体观之，此阶段的文化理念受新文化运动的影响甚深，又长期延续了革命战争时代对中华传统美德的认识，于是在传承发展问题上，始终不能及时转变批判为主的思维取向。

第二个阶段，20 世纪 50 年代至 70 年代末。由于早期新文化运动的思潮影响很大，这一时期对中华传统美德的态度也包含新文化运动影响的成分。中华人民共和国成立以后将近三十年的社会主义革命和建设时期仍然延伸了革命斗争时代的方针与态度，突出阶级斗争，长期以"批判地继承"作为文化的主导口号和方针，在相当程度上制约了全面继承、吸收古代的优秀文化服务于国家治理和文化建设的社会主义文化建设工作。

第三个阶段，20 世纪 80 年代至 90 年代末。改革开放以来，解放思想的呼声逐渐打破学术上的教条主义框框，对传承发展中华传统美德的研究受到重视，呈现两条主线。一方面，研究侧重对中华传统美德思想及其实践的批判性回顾与反思，如刘泽华、徐大同、罗国杰、樊浩等学者，从中国传统政治思想史、儒学、经学等不同视角进行了探索。另一方面，研究伴随着对西方国家道德理论、美德思想及其最新研究成果的引进和中西美德理念的比较论析。随着 20 世纪 90 年代约翰·罗尔斯（John Rawls）、罗伯特·诺齐克（Robert Nozick）等人的道德哲学、政治哲学和法哲学等著作的翻译和研究的引入，国内兴起了关注政治伦理、政治哲学的热潮，何怀宏、万俊人等学者从中西道德哲学比较的角度，努力拓展，使相关研究别开生面。

第四个阶段，21 世纪至今。与之前推进传承发展中华传统美德的主题性研究多以一种局部呈现的方式不同，21 世纪以来，推进传承发展中华传统美德是在中国社会及伦理思想发展的宏大背景下，针对"如何对待中华传统美德"这一根本问题，通过文献梳理、历史还原、逻辑分析、意义诠释和方法论阐释等方式对中华传统美德的传承发展进行的整体性研究，从而全面展现了推进传承发展中华传统美德的基本历程。

2. 国外相关研究

国外学术界没有专门以现当代传承发展中华传统美德的基本内容及价值阐释为研究主题的成果，但对中华传统美德理念影响下的现代中国道路和中西传统美德理念的差异，以及中华传统美德与中国特色社会主义文化软实力的关系的关注、研究却比较充分。我们可以把相关论题及观点主要归结为以下两个方面。

（1）中国历史上的美德传统与现当代中国社会发展问题，或者革命、建设与传统道德的承接关系的研究。自 20 世纪 20 年代开始，海外汉学界或中国问题研究者，如费子智（Charles Patrick Fitzgerald）、倪德卫（David S. Nivison）、施拉姆（Stuart R. Schram）、魏斐德（Fredrick Wakeman)、墨子刻（Thomas A. Metzger）、费正清（John King Fairbank）等，持续关注近代以来中国社会的变化（包括革命）与中国传统道德（包括美德）、中华文明的内在关系，出现了主张把中国特色社会主义革命和建设放置在中国历史的长线视野下来认识的观点，出现了把毛泽东思想与孔子及其开启的儒家思想联系在一起的论断。

（2）西方学者对中国文化软实力及中国崛起中的民族传统文化和精神因素始终予以极大的关切。美国学者提出"文化软实力"（Soft Power of Culture）理论后，一些西方学者对中国崛起及传统文化中的软实力因素对世界的影响高度关注，如有学者如此断言："最近30年来……中国……实质性的经济成就，伴随着以儒学为特征的传统文化的复兴，提升了中国在亚洲和整个世界的软实力。"（小约瑟夫·奈，1990）中国的语言、经典文化在世界范围内受到重视，"中国模式""北京共识"之文化价值论成为西方学者的话题。

3. 现有研究的不足

综合国内外研究，以现当代传承发展中华传统美德的基本内容及价值阐释为议题的研究，虽有相当的积累，但尚有明显的不足，可概括为以下三个方面。

（1）对现当代推进传承发展中华传统美德过程中的价值认同、社会认同问题进行实事求是的实证研究不足。从某种程度上说，现当代传承发展中华传统美德的问题涉及中国民间社会、普通群众、思想理论界，乃至政府各部门如何在求得基本认同、达成共识的基础上身体力行、实践运用，进而创造发展等问题。因为缺乏中华传统美德传承发展的价值认同、社会认同等方面的研究工作或基本背景，中华传统美德的当代价值阐释是不可能得出有针对性和实效性的理论成果和实际效果的。

（2）从单一学科，或专业领域，或学派视角对现当代推进传承发展中华传统美德的某个方面或个别问题的研究居多，缺乏对现当代传承发展中华传统美德全面、系统的科学研究和理论建构。伦理学、马克思主义哲学、政治学等学科在相关研究方面的结合不够深入。同时，在运用唯物史观分析对象时，中华传统美德与其历史根据、历史条件辩证关系，传统美德与中华传统文化、传统生活、传统政治、革命道德、现代价值体系的有机结合仍有深入的必要。因此，现有成果不能满足文化创新和道德建设的需要。

（3）在具体研究过程中，对现当代推进传承发展中华传统美德的基本思想内涵的挖掘和阐述与思想史探析中关于经典注解、文献整理成就，以及近年来文化体制改革之间缺乏深度结合。这些方面表现为传承发展中华传统美德与文化建设、社会主义时代美德、国家治理体系和治理能力建设理念和实践等方面缺乏深度的结合，故现有成果不能满足文化建设的需要。

中华传统美德在历史上对于人类文明发展、道德建设、国家治理具有重要的作用和意义，现当代传承发展中华传统美德是中国式现代化不断发展的重要价值支撑，为中国人民从站起来到富起来再到强起来提供精神动力，是培育和践行社会主义核心价值观、提高国家文化软实力的关键因素之一，是文化建设的基本推动力量，其重要性不言而喻。鉴于上述学术研究的不足，故还须整合现有学术资源，进行系统的创新研究。

三、研究框架

1. 研究对象

本书以现当代传承发展中华传统美德的过程、内容为对象，通过梳理、分析现当代传承发展中华传统美德的基本问题，挖掘其内生逻辑、基本内涵、观念结构和时代价值，总结其中的经验和规律，为丰富和完善传承发展中华传统美德的价值规范体系、价值实践体系、中国特色社会主义文化的理论和话语体系提供借鉴和参考。

2. 总体框架

第一，现当代传承发展中华传统美德的历史条件，主要包括：启蒙与救亡的双重变奏、近代中国人民的道德自觉，以及中国传统道德和西方近代伦理文化的双重危机等客观条件；十月革命及其对中国早期马克思主义者的影响、早期马克思主义者的传统道德修养和道德实践等主观条件；马克思主义伦理思想及其中国化的早期成果、中国古代伦理思想及其近代形态、西方近代伦理思想及其在中国的传播等思想资源。

第二，现当代传承发展中华传统美德具体可分为四个阶段：一是以启蒙和救亡为主导，激进批判、选择吸收中华传统美德的阶段（20 世纪初至 20 世纪 40 年代末）；二是革命和阶级意识持续影响，激进改造、深度批判中华传统美德的阶段（20 世纪 50 年代至 70 年代末）；三是改革开放和中西交流融合，批判继承、综合创新中华传统美德的阶段（20 世纪 80 年代至 2012 年）；四是自我超越，统筹"两个大局"，坚持中国道路，挖掘阐释、创造创新中华传统美德的阶段（2013 年至今）。

第三，现当代传承发展中华传统美德的规范系统，主要论述中国革命道德、社会主义道德的基本内容及其同中华传统美德转型发展的演变逻辑，以及中国革命道德、社会主义道德等道德形态借鉴中华传统美德的态度和方法。

第四，现当代传承发展中华传统美德的道德实践，主要阐释社会公德建设、职业道德建设、家庭美德建设和个人品德建设同中华传统美德相结合的内容及其规律。一是传统社会公德的主要内容、历史形式及现当代形态；二是传统职业道德的生成发展、主要内容、历史形式及现当代形态；三是传统家庭美德的主要内容、显著特征及其演变过程和基本规律；四是传统个人品德的基本内容、演变过程和现当代形态。

3. 重点难点

第一，现当代中华传统美德的传承发展机制的形成发展、功效评价与基本问题。

推进传承发展中华传统美德的机制以道德体系形成发展为前提和基础。新中国成立，特别是改革开放至今，全球化速度加快，经济社会发生了复杂变化，对中华传统美德同中国革命道德、社会主义道德的关系缺乏全面的、系统的新阐述。本书研究的重点和难点，就是对现当代推进中华传统美德传承发展从产生、发展、变迁，到最后现在"定型"这一全过程，进行客观而细致的描述，深入揭示这种发展的社会历史根源、基本结构、理论基础及其复杂性，为研究中华传统美德的现代运行机制奠定理论基础。

第二，现当代中华传统美德的传承发展经验的汲取。

全球化条件下随着我国经济社会和科学技术的快速发展，我国道德建设吸取历史教训，取得了重要进步，同时也积累了重要经验。现当代传承发展中华传统美德经历了一个长期而复杂的演变过程，学术界有丰富的研究。本书研究的一个重点，就是对中华传统美德传承发展机制的历史前提进行分析，落实于对传统社会美德运行机制的演变和历史经验进行客观而细致的分析，深入揭示其演变发生的社会历史根源及其复杂性，以克服简单化理解。

第三，现当代中华传统美德的传承发展的内容和结构。

现当代传承发展中华传统美德的内容和结构主要指中华传统美德传承发展运行机制的伦理思想方面的内涵构成，是社会主义道德运行机制的重要方面，涉及中华传统美德的核心、原则、规范与重点领域的要求及其内在关系等内容。它作为本书拟解决的关键性问题和重点难点问题，主要理由在于四个方面：一是中华传统美德传承发展体系的宏观表述，主要是现当代中华传统美德与爱国主义、集体主义、社会主义关系的阐释；二是原则系统，主要是中华传统美德与集体主义原则的关系研究；三是中华传统美德传承发展机制中的规范体系及其层次性问题研究；四是社会公德、职业道德、家庭美德与个人品德四大重要领域内容及关系在中华传统美德传承发展中的价值研究。

4. 主要目标

第一，本书有别于人文科学专业领域的孤立研究，努力走出各专业对中华传统美德研究的片面和限制，突出学科前沿理论结合和专业整合形成创新，直接为文化建设提供理论支持，为进一步开展相关研究提供理论参考。

第二，坚持研究的文化面向与特色，特别是在中华传统美德思想价值的阐释上突破以"国学"或"汉学"取代美德整体和以美德传统上的大汉族主义、儒学中心主义取代美德整体之限制，凸显中华传统美德的多元一体性、包容性，对中华传统美德中的优秀精华客观分析、科学对待。

第三，本书对相关美德问题进行学理分析，提出相应的对策建议，以为党和政府处理全球化背景下的中华传统美德传承发展问题，尤其是为有关部门的文化政策、文化体制改革提供理论支持和政策建议。

四、研究空间

1. 学术价值

第一，本书的研究有益于明晰现当代推进传承发展中华传统美德的内在逻辑、具体内涵、时代特质，能够促进对中华传统美德的传承发展问题的整体性研究。

从整体上研究现当代推进传承发展中华传统美德的问题，要把握当前我国社会主义道德建设的状况和特点，针对中国特色社会主义道德体系建设中的具体问题，总结新中国成立以来继承和弘扬中华传统美德建设的经验和规律，前瞻性地思考中华传统美德传承发展的价值规范体系、价值实践体系以及中国特色社会主义文化的理论和话语体系，对明晰完善现当代推进中华传统美德传承发展的内在逻辑、具体内涵、时代特质，以及围绕这一命题而展开的整体性理论研究，具有重要意义。

第二，本书的研究有益于丰富发展中国哲学、伦理学、政治学、社会学理论。

本书将遵循党的二十大精神提出的"推动中华优秀传统文化创造性转化、创新性发展，继承革命文化，发展社会主义先进文化，提升国家文化软实力"，对现当代传承发展中华传统美德的基本历程、观念结构、历史实践与基本经验，以及传承发展中华传统美德的战略要求、价值规范、价值认同与践行机制进行研究，为更加完善、有效的中国特色社会主义理论和实践提供更加强大的精神力量。这些研究成果不仅有助于夯实社会主义道德体系建设、社会主义核心价值体系建设、社会主义文化建设的理论基础，而且有助于推动中国哲学、伦理学、政治学、社会学理论的丰富与发展。

2. 应用价值

第一，本书有益于推进社会主义道德建设、社会主义核心价值观建设、社会主义文化建设。

本书直接服务于当前呼吁文化自信的国家战略，更在于解决新时代中国特色社会主义道德建设、社会主义核心价值观建设在思想道德、价值规范、精神信仰等方面出现的问题，全部研究旨在通过解决文化实践难题，推进社会主义道德文明建设，并力求构建为广大人民群众喜闻乐见的中华传统美德传承发展的价值规范体系和价值实践体系理论，同时为国家有关部门制定、实施中华传统美德传承发展的价值规范体系和价值实践体系相关政策或措施提供有意义的决策咨询或参考意见。

第二，加强对现当代推进传承发展中华传统美德问题的研究，对用社会主义核心价值观引领文化建设具有直接重大的意义。

文化自信必须建立在传统优秀文化的基础之上，这就必须推动中华传统美德的创造性转化、创新性发展，更好构筑中国精神、中国价值、中国力量。当前全社会思想道德主流积极向上，人民群众精神风貌更加昂扬，同时道德建设也遇到了一些困难，一些突破道德底线的行为引起广泛议论。加强对现当代传承发展中华传统美德的研究，坚持用社会主义核心价值观引领道德建设，有助于扎实解决道德领域突出问题，使积极健康的主流价值深入人心。

第三，加强对现当代传承发展中华传统美德问题的研究，对抵御各种错误思潮和错误观念的侵蚀具有重大意义。

当前，国际上以自由主义为核心的西方思潮，对我国思想文化价值和道德理论建设产生了许多消极影响，尤其是极端个人主义、拜金主义等基于西方自由主义思潮的错误观念对人们日常社会生活产生了严重危害。通过对现当代传承发展中华传统美德的研究，揭示各种错误思潮和错误观念的实质、传播机制、特点，把优秀中华传统美德融入国民教育、精神文明建设和党的建设的全过程，体现到精神文化产品创作生产传播各方面。

总之，加强对现当代中华传统美德的传承发展及价值阐释的研究，在当前和今后都具有广阔的发展前景。它可以加强中华民族的文化认同，并以文化认同促进思想认同、社会和谐，有助于促成国家文化建设长期的、稳定的、可持续的发展。它可以解决当前道德建设、价值观建设和文化建设过程中工作面临的矛盾与纠纷问题、经济社会发展问题。它有利于探索一条适合我国国情的坚持和完善以传承发展中华传统美德为主体的现代美德发展道路。因此，整合现有学术资源，对中国共产党推进中华传统美德的传承发展问题进行系统的创新研究势在必行。

五、思路方法

1. 基本思路

第一，本书总观现当代推进传承发展中华传统美德的总体路径，在全面解析国家文化战略的基础上，深入阐释中华传统美德的总体战略路径之方法立场和思维范式特点，揭示和概括中华传统美德与马克思主义相结合的路径，是新时代传承发展中华传统美德的总体战略路径的方法论选择。

第二，本书聚焦于分析研究如下理论问题：在现当代的风云变幻中，全社会，尤其是学术界如何建设包容整合、创造发展的中华传统美德的传承发展体系，从历史和现实相结合的维度，阐明建立文化自觉、文化调适、文化宽容与文化共享的原则，以便形成更具包容性、开放性、创造性、发展性与通合性的中华传统美德传承发展体系。

第三，本书从国家富强、民族复兴的高度，依据新时代中华传统美德传承发展的主客观条件及其发展变化的规律性认识，研究推进中华传统美德传承发展的基本价值规范，提出在新时代建设包容整合、创造发展的中华传统美德的传承发展体系应把握社会主义先进文化前进方向、坚持以人民为中心的工作导向、创造性转化和创新性发展、交流互鉴和开放包容的必然性和必要性。

本书将历史叙述、成因分析、价值评判、理论建构紧密结合起来，从现实需要和历史发展维度分析研究中国特色社会主义建设过程中、在中华民族伟大复兴过程中，阐发并建立现当代中华传统美德的传承发展的总体战略路径选择之必然性与合理性。

2. 主要方法

本书的研究预设形成一个合理有效的方法论体系。在熟悉现当代中华传统美德的传承发展及价值阐释最新进展的基础上，以文献学方法、价值分析方法、解释学方法为核心，突出文献分析、调查研究和理论阐述，形成一个深入研究革命道德、社会主义道德和共产主义道德的合理有效的方法论体系。在熟悉伦理学、中国哲学、政治学等学科领域成就和最新进展的基础上，将宏观、整体把握与微观、多层次个案探索相统一，同时统合资料调查、文献研究、理论分析、比较及规范研究，力求突破已有研究的中华传统美德理念、方法之局限和不足，推动美德伦理学和相关学科在方法论的自觉方面有所提高、有所进步、有所发展。

第一章　现当代传承发展
中华传统美德的历史条件

"现代社会主义……就其理论形式来说，它起初表现为 18 世纪法国伟大的启蒙学者们所提出的各种原则的进一步的、据称是更彻底的发展。同任何新的学说一样，它必须首先从已有的思想材料出发，虽然它的根子深深扎在物质的经济的事实中。"① 现当代传承发展中华传统美德植根于中国近代政治经济文化的土壤之中，是马克思主义中国化时代化以及近代中国救亡图存的必然要求，以及中国化马克思主义伦理思想生成同中国传统伦理思想现代发展的客观要求。

第一节　现当代传承发展中华传统美德的前奏

现当代传承发展中华传统美德立足近代传承中华传统美德的理论基础。近代对中华传统美德的发展是近代中国人民的理性抉择和道德发展的必然，是社会生产力和生产关系、经济基础和上层建筑矛盾的作用，具有深刻的物质基础、阶级根源及政治背景，这也为现当代传承发展中

---

① 马克思恩格斯文集：第 3 卷［M］．北京：人民出版社，2009：523.

华传统美德奠定了坚实基础。

一、启蒙与救亡的双重变奏

"真正的哲学都在回答时代的问题，要求表现时代精神。"① 近代以来，面对西方列强入侵和封建腐朽统治带来的国家蒙辱、文明蒙尘、人民蒙难的事实，帝国主义和中华民族的矛盾、封建主义和人民大众的矛盾成为近代中国社会的主要矛盾，中华民族和中国社会面临着"亡国灭种"的严重危机，"中国向何处去"成为时代中心问题，"启蒙的主题、科学民主的主题又一次与救亡、爱国的主题相碰撞、纠缠、同步"②。从1840 年至 1949 年的中国近代史，既是鸦片战争及之后的侵略战争的爆发以及由此导致的凄风苦雨的救亡过程，也是一代代先进的中国人孜孜以求救国救民真理的启蒙过程，形成了在救亡中启蒙和在启蒙中救亡进而实现救国救民的壮丽画卷。

在鸦片战争以前，中国是一个独立完整的封建制国家，拥有物产丰富的农业、巧夺天工的手工业、繁荣昌盛的商业，令很多西方人心仪神往。清朝后期，受封建统治阶级腐朽以及西方资本主义国家扩张的影响，中国开始由盛转衰，尤其是在同英国的贸易中，形成了巨大的贸易逆差，导致英国通过鸦片这把利剑推行其殖民政策。面对鸦片蔓延导致的白银大量外流及中国人身心饱受摧残的现象，清政府颁布禁烟命令，特别是1839 年 6 月 3 日林则徐亲自主持的虎门销烟，使清政府禁烟活动达到了高潮。英国则以虎门销烟为借口发动了第一次鸦片战争，逼迫清政府签订《南京条约》，中国开始由独立的封建制国家沦为半殖民地半封建的国

---

① 冯契文集：第 1 卷［M］. 上海：华东师范大学出版社，2016：3.
② 李泽厚. 中国现代思想史论［M］. 北京：生活·读书·新知三联书店，2008：10.

家，由此引起了西方列强的觊觎，它们纷纷将侵略的矛头对准中国，发动了一系列侵略战争，掀起了瓜分中国的狂潮。《北京条约》《天津条约》《马关条约》《辛丑条约》，西方列强通过一个个不平等条约，掠夺中国土地，勒索中国"赔款"，取得了在中国驻军、设厂等一项项特权。辛亥革命后，清政府统治被推翻，但胜利果实旋即被袁世凯窃取。1911 年至 1921 年，北洋政府虽然采取了一些措施，但是仍旧同帝国主义"眉来眼去"。正如毛泽东所讲："我国从十九世纪四十年代起，到二十世纪四十年代中期，共计一百零五年时间，全世界几乎一切大中小帝国主义国家都侵略过我国，都打过我们，除了最后一次，即抗日战争，由于国内外各种原因以日本帝国主义投降告终以外，没有一次战争不是以我国失败、签订丧权辱国条约而告终。其原因：一是社会制度腐败，二是经济技术落后。"①

面对国家衰败、民不聊生的现实，无数的仁人志士踏上了救国救民的道路。1851 年，在洪秀全的领导下中国农民阶级率先奋起，拉开了历时十四年的太平天国运动，加速了晚清政府的灭亡，沉重打击了西方列强在华势力。为更好服务农民革命斗争的实践，太平天国在无情批判宗法家族观念、封建社会恶习等落后道德的同时，反对男尊女卑、倡导西方资产阶级伦理思想等道德革新举措也逐步开展，但由于缺乏科学理论指导和强有力的组织，太平天国最终在中外反动势力的联合镇压下失败了。继之奋起的是地主阶级改革派，他们以"中学为体，西学为用"为口号，掀起了一个以建立军事工业、民用工业、新式军队和学堂为内容的自强运动，但它既未突破封建制度的枷锁，也没有摆脱对西方科学技术的依赖，最终未能解决当时日益严重的民族危机。此后，以康有为、梁启超为代表的资产阶级改良派发起了戊戌变法运动，尝试通过自上而

---

①　毛泽东文集：第八卷 ［M］. 北京：人民出版社，1999：340.

下的政治经济改革推进民族资本主义的发展。他们运用自由、平等、博爱等思想武器，批判了封建纲常伦理的腐朽性，打破了封建社会末期的沉闷空气，激发了各个阶层的爱国之情，却受到了洋务派的仇视。洋务派代表张之洞发表《劝学篇》，主要阐释纲常伦理的合理性；而维新派代表欧榘甲则针锋相对，运用民主主义思想有力地阐发了资产阶级道德观的先进性。但受民族资产阶级力量弱小和中外反动势力强大的影响，维新派如昙花一现，最终退出历史舞台，其根本原因在于阶级基础的软弱及对封建道德批判的不彻底性。紧接着以孙中山为代表的资产阶级革命派以"驱除鞑虏，恢复中华，创立民国，平均地权"为纲领，经过一系列的起义活动，最终在1911年推翻了清王朝统治，建立了以民主共和为原则的资产阶级政权。资产阶级革命派在同封建专制主义和改良派坚决斗争的过程中，形成了以革命民主主义为基本特征的伦理思想。这一伦理思想明确批判官僚政治、落后习俗等封建专制主义道德的糟粕，借鉴西方民主平等的精神形成了国民公仆的"服务道德"，以及以"民主、平等、博爱"为核心的思想观念。但受资产阶级革命派软弱性的影响，辛亥革命的胜利果实旋即被以袁世凯为代表的北洋军阀窃取，深刻的民族危机和社会困境仍旧未改变。"事实证明，不触动封建根基的自强运动和改良主义，旧式的农民战争，资产阶级革命领导的民主革命，以及照搬西方资本主义的其他种种方案，都不能完成救亡图存的民族使命和反帝反封建的历史任务。中国期待着寻找新的社会力量寻找先进理论，以开创救国救民的道路。"①

众多的知识分子坚信中华传统文化的正确性，指出中华传统文化以其博大精深、源远流长而优于西方文化，呼吁人们重视并弘扬中华传统文化。摒弃中华传统文化还是坚守中华传统文化，长期困扰着这一时期

---

① 江泽民文选：第三卷［M］. 北京：人民出版社，2006：265.

的人民群众，亟须结合新的实际，运用新的方法重新检视中华传统文化及中华传统美德。

二、中国人民的道德自觉

恩格斯指出："每一种新的进步都必然表现为对某一神圣事物的亵渎，表现为对陈旧的、日渐衰亡的、但为习惯所崇奉的秩序的叛逆。"①这不仅是人类历史的发展规律，而且是道德发展的规律。近代中国人民的道德自觉同近代中国救亡运动密切相关，同中国传统道德的传承发展密切相连。鸦片战争以前，以封建儒家道德为主流的伦理思想，赋予所有政治问题及其解决以伦理的标记，"求善—求治"是其显著特征。②1840年鸦片战争爆发后，先进的中国人在列强的炮火中惊醒，日益清楚地意识到要抵御外侮，实现国家独立、民族富强，不仅要发展经济、改革政治，还要重新审视中国古代道德，开展道德革命。基于对拯救国家危亡、实现民族独立的时代特征的反映，爱国、救亡、独立成为当时道德发展的主流，亟须思想家们把精力投入紧迫的社会政治思想和实践中去，运用当时的理论和实践传承、发展中国传统道德。

从地主阶级维新派到五四运动，中国传统道德逐步瓦解，遭遇了严重的危机。鸦片战争后，以龚自珍、林则徐、魏源为代表的地主阶级革新派拉开了社会变革及思想变革的帷幕。他们面对古今中西之争，继承和发扬传统的经世致用之学，探寻封建道德之不足并向西方学习，形成了"爱国""革新"的思想主张。如魏源的《海国图志》，在分析资本主义国家政治、历史、地理及科技等方面的过程中，显示出"师夷长技以

---

① 马克思恩格斯文集：第4卷［M］．北京：人民出版社，2012：244.
② 刘如梅，张韬．近代中国特殊国情下的思想博弈［J］．贵州社会主义学院学报，2018（2）：42－46.

制夷"的资产阶级思想倾向，打破了"中国中心论"，为国人开启了认识世界的大门，具有鲜明的爱国主义色彩。不过，他认为"变易"之中有"不易"，传统经书中的"道"详备，不能废弃，即"君子不轻为变法之议，而惟去法外之弊，弊去而法仍复其初矣"①。这反映他的进步思想仍局限于科学技术领域，保留浓重的封建纲常色彩，未从根本上突破封建道德的枷锁。19世纪50年代，以曾国藩、李鸿章等为代表的地主阶级洋务派，试图以"中体西用"为指导思想，以"求强""求富"为口号，借助西方的军事技术发展军事工业、民用工业，兴办新式学堂，维护清朝的统治，如李鸿章认为"处数千年未有之奇局，自应建数千年未有之奇业"，其中"建奇业"的根本途径便是举办洋务运动。洋务运动虽然取得一定的实践成就，但是其失败也宣告了不触动封建体制的"中体西用"论的破产，表明了道德革命的迫切性。甲午中日战争失败宣告洋务运动破产后，以严复、康有为和梁启超为代表的资产阶级维新派站在了时代的前列，他们坚持变革，提倡新学，对中国传统封建道德开始猛烈抨击。如谭嗣同指出："俗学陋行，动言名教，敬若天命而不敢渝，畏若国宪而不敢议。"② 他认为，封建名教，即儒家纲常，是上天的命令、国家的宪法，使人敬畏，以便统治者压迫被统治者，因此他借助西方进化论和唯意志论思想，提出人们应以心力挽救劫运，"冲决君主之网罗""冲决伦常之网罗""冲决天之网罗"。20世纪初，以孙中山、黄兴、宋教仁为首的资产阶级革命派，传播西方民主民族革命思想，主张用革命的手段推翻清政府的统治，拯救民族危亡，为此他们成立同盟会，开展了一系列起义活动。他们以革命民主主义反对封建帝制，实现了以救亡图存为内容的爱国主义同资产阶级民主主义的结合，但并未完全摒弃中国传统道德，而是赋予中国传统道德新的内涵，如孙中山的大同理想便是林肯的

---

① 魏源全集：第13册［M］. 长沙：岳麓书社，2011：41.
② 谭嗣同全集：下册［M］. 北京：中华书局，1981：299.

"民有、民治、民享"思想和共产主义思想的有机结合。辛亥革命虽然推翻了封建帝制，但是并未终结新旧之争，以陈独秀、李大钊、胡适等为代表的先进知识分子担当起反封建主义的重任，对传统封建道德发起前所未有的冲击和批判。

伴随西方列强对中国的侵略，西方资本主义文化传入中国并广泛传播，给中国的社会思潮带来冲击与挑战。从经世致用的洋务思潮、变法维新的改良思潮、民主共和的革命思潮、民主科学的文化思潮到社会主义思潮，从维护传统封建道德、抨击传统封建道德到辩证对待传统封建道德，先进的中国人最终找到一条解决中国传统道德向何处去问题的道路——马克思主义。正是在这一次次的思想争鸣中，中国人的道德认知，尤其是对中国传统道德的认知水平不断提升，经历了从自发到自觉的认知深化过程，从肯定或否定发展到辩证法的方法论自觉，而这也标志着近代中国人民的道德觉醒。

纵观晚清及民国初期的道德革命进程，中国人民的道德自觉集中体现在道德革命、道德启蒙等方面。一方面，批判伦理纲常，倡导道德革命。为摆脱民族危机和国家灾难，近代有识之士逐步意识到欲推翻封建帝制并使革命成功，就要冲决封建网罗，开展道德革命。以孙中山、章太炎、蔡元培等为代表的有识之士对封建道德持否定态度，认为封建道德是一把"杀人于无形"的软刀子，旨在维护专制统治，维护下对上、卑对尊的绝对服从。如章太炎："所以孔教最大的污点，是使人不脱离富贵利禄的思想。自汉武帝专尊孔教以来，这种热衷于富贵利禄的人，总是日多一日。我们要想实行革命，提倡民权，若夹杂着一点富贵利禄的心，就像微虫霉菌，可以残害全身。所以孔教是断不可用的。"① 由此，他们在坚决否定传统封建道德的基础上，主张开展道德革命，要求培养自由、平等、博爱等具有资产阶级文化属性的社会道德。

---

① 章太炎政论选集：上册［M］. 北京：中华书局，1977：272 – 273.

另一方面，呼唤道德启蒙，致力变化民质。辛亥革命后，民主共和制度屡遭破坏且徒具虚名，以陈独秀、鲁迅、李大钊等为代表的爱国青年看到辛亥革命的成功被断送，认为其原因在于革命党人的道德革命不彻底，主张开展反对旧道德、提倡新道德的道德启蒙运动，并将"改造国民性、变化气质、铸造民魂当作这场运动的核心内容"①。"中国之危，因以迫于独夫与强敌，而所以迫于独夫强敌者，乃民族之公德、私德之堕落有以召之耳……若其国之民德、民力在水平线以下者，泽自侮、自伐，其招致强敌独夫也，如磁石之引针，其国家无时不在灭亡之数。"②中华民族的灾难在于其深刻的道德危机，封建道德导致人们丧失社会责任感并瓦解了民族凝聚力，为西方列强侵略中国提供了便利条件。实现民族独立和国家富强，就要开展道德革命和思想启蒙，提高全民族的道德素养，并以科学精神和民主精神培育新的道德品质和民族精神。五四运动后，围绕如何面对旧道德和重建新道德的问题开展了一系列的理论和实践探索，为现当代传承发展中华传统美德奠定了思想基础。

三、中国传统道德和西方近代伦理文化的双重危机

近代以来，中国面临既要批判与创新中国传统道德，又要学习并超越西方资本主义道德的特殊境遇，"无论是选择传统文化还是西方文化都有自己特殊的难题或吊诡"③。从中国传统道德近代转型来看，汲取西方伦理文化的成果又要杜绝其弊端，传承中国传统道德的智慧又要避免其不足，由此导致的可能结果就是选择既立足中西方伦理文明之上，又超越中西方伦理文明缺陷的马克思主义伦理思想。

---

① 唐凯麟，王泽应. 中国现当代伦理思潮［M］. 合肥：安徽文艺出版社，2017：17.
② 陈独秀. 我之爱国主义［J］. 新青年，1916，第 2 卷第 2 号.
③ 王泽应. 马克思主义伦理思想中国化研究［M］. 北京：中国社会科学出版社，2017：104.

　　中国传统道德生发于五千年的中华文明，涵盖儒释道等各家思想精华，蕴含天下大同、四海一家的家国情怀，以民为本、睦邻友好的仁爱精神，顺其自然、民胞物与的价值追求等道德理念，但受封建社会后期政治衰败及近代列强侵略的影响，以儒家道德思想为内核的中国传统道德持续受到地主阶级改革派、农民阶级、资产阶级革命派等各个阶级的检视，其地位从统治思想到发展为封建糟粕，最终被视为桎梏中国人民的封建网罗，面临着前所未有的危机和挑战。地主阶级改革派为维护封建统治、应对西方侵略，在宣传"经世致用"之学和爱国主义思想的过程中，对传统封建道德的弊端进行了一定程度的批判，但根本上仍旧维护传统道德的价值体系和规范体系。受封建压迫和列强侵略严重的太平天国，积极向西方学习，激烈批判中国传统道德，他们提出的具有资本主义色彩的纲领性文件中，明确否定传统封建道德，阐释具有近代民主主义色彩的道德主张。据相关亲历者回忆，"太平天国社会制度中最值得称赞的就是妇女地位的改善，他们已经由亚洲国家妇女所处的卑贱地位提高到文明国家妇女所处的地位了。太平天国革除了两千年来妇女所受到的被愚昧和被玩弄待遇，充分地证明了他们的道德品质的进步性"①。太平天国反对封建礼教压迫下的男尊女卑，倡导男女平等，无疑猛烈地冲击了传统封建道德及其所维护的封建统治秩序，以及列强在华既得利益。面对太平天国运动以及列强侵略带来的危机，统治阶级中的有识之士倡导"中体西用"，积极发展军事工业、民用工业，号召"自强""求富"，客观上向现代化迈进。但洋务派主要由封建官僚经营，具有浓厚的买办性，其本质上不涉及统治阶级的政治制度，仍倡导封建道德。之后的戊戌变法，先进的知识分子汲取太平天国、洋务派的重要经验，主张建立君主立宪制的资本主义制度，积极传播资本主义道德，并以之为武器批判传统封建道德，深化了批判封建传统道德的程度。如康有为在

---

　　①　吟唎. 太平天国革命亲历记 [M]. 上海：上海人民出版社，1997：239.

《大同书》中，批判传统男尊女卑的思想，倡导男女平等，并由此指向对封建宗法制度弊端的批判，深刻揭露了传统封建道德的极端虚伪性和腐朽性。他在宣传资本主义思想的过程中，将中国传统儒家道德和近代西方人道主义伦理思想相结合，赋予儒家道德范畴以近代资产阶级道德的新义，如他的"仁道"主义、"存心仁礼""大同理想"等。从 1905 年科举制的废除到辛亥革命的爆发，儒学和功名的联系被彻底切断，制度化的儒学被彻底推翻，由此支撑中国传统道德的制度根基彻底瓦解。资产阶级革命派批判封建传统道德，尤其是孔孟之道，明确提出铲除封建专制主义遗毒的革命任务。在他们看来，"士人当束发受书之后，所诵习者，不外于四书五经及其笺注之文字；然其中不合于奉令承教、一味服从之义者，则任意删节，或曲为解说，以养成其盲从之性"①。禁锢人性、束缚思想的纲常伦理导致了中国人盲目服从的品行，因而革命派就要革新政治，改良社会，推进社会道德水平提高和人民文明开化。新文化运动以"批判旧道德，提倡新道德"为口号，更是彻底宣告了传统封建道德的破产。以陈独秀、李大钊、鲁迅等为代表的新文化运动旗手，前期主要以资产阶级民主主义思想为武器抨击传统封建道德；而新文化运动后期开始以马克思主义为指导对封建传统道德进行批判，扩大了战果，加深了影响。"五四运动所进行的文化革命则是彻底地反对封建文化的运动，自有中国历史以来，还没有过这样伟大而彻底的文化革命。当时以反对旧道德提倡新道德、反对旧文学提倡新文学为文化革命的两大旗帜，立下了伟大的功劳。"②

19 世纪末 20 世纪初，随着第二次工业革命不断深入、科技不断进步和资本主义向帝国主义的演变，以彰显人的理性和主体性为标识的资本主义道德体系日趋丰富和完善，但"理性主义的传统形而上学犹如精神

---

① 孙中山选集［M］. 北京：人民出版社，1956：23.
② 毛泽东选集：第二卷［M］. 北京：人民出版社，1991：700.

鸦片,受它影响越深越容易受它支配,越缺乏自由和创造,就会日益丧失自己原始的生命力和主体价值"①。正如尼采在"上帝死了"的命题中,明确指出要重估一切价值,尤其是人的真正本质,要清算基督教文明、资本主义文明,并宣称西方近代资本主义伦理文化是"病态"或"将死"之文明,陷入了"否定生命"的虚无主义泥淖。"宁愿至死把自身依托于一个确定的虚无,而不愿依托一个不确定的某种东西。"② 这就肯定了抽象原则和超感性领域对感性生命的价值优先性,直接否定了生命创造的无限可能性,其本质上是受第一次世界大战影响导致资本主义价值观崩塌的集中呈现。在 1918 年出版的《西方的没落》一书中,斯宾格勒以生物生长过程的观念为认识工具,揭示了世界上不同文化的产生、发展、衰亡以及毁灭的过程,否定了欧洲中心论,由此得出包含西方文化在内的任何一种文化都逃脱不了必然灭亡的命运的论断。当时西方资本主义世界在第一次世界大战后的惨败景象,深深震惊了中国主张向西方学习的有识之士,他们感到欧洲"全社会人心,都陷入怀疑沉闷畏惧之中,好像失去了罗针的海船遇着风遇着雾,不知前途怎生是好"③。

中国传统道德和西方近代伦理思想面临的危机,给近代中国向西方学习的仁人志士以警醒,他们面对西方伦理思想的诸多缺陷和中国传统道德的诸多不足陷入深深的困惑和迷茫,渴求用新思想和新文明拯救民族危机和世界危机,由此也把先进中国人的目光导向社会主义文明即马克思主义。

---

① 陈玉斌,刘友田. 从"上帝死了"到"上帝复活":尼采"超人"思想探析 [J]. 南京航空航天大学学报:社会科学版,2019 (3):37 – 41.

② 尼采. 论道德的谱系·善恶之彼岸 [M]. 谢地坤,等译. 桂林:漓江出版社,2000:146.

③ 梁启超. 欧游心影录 [J]. 晨报 (副刊),1920 年 3 月 6 日至 8 月 17 日.

第二节　现当代传承发展中华传统美德的理论根基

现当代传承发展中华传统美德既有其客观的时代背景，也有近代有识之士提供的理论准备。俄国十月革命后，中国的有识之士先后从革命民主主义者转为马克思主义者，接受、确立了马克思主义信仰，同时他们又普遍接受过传统儒家教育，具有深厚的传统文化素养。这些为现当代以马克思主义为指导，重新检视中国传统道德提供了基本条件，更为传承发展中华传统美德提供了有益经验。

一、近代有识之士的理论探索

"十月革命帮助了全世界的也帮助了中国的先进分子，用无产阶级的宇宙观作为观察国家命运的工具，重新考虑自己的问题。走俄国人的路——这就是结论。"① 1917 年发生的俄国十月革命，建立了世界上第一个由工人阶级领导的无产阶级专政的社会主义国家，推动了全世界尤其是中国的先进知识分子学习并接受马克思主义，并从革命民主主义者转为马克思主义者。

近代以来，中国有识之士为拯救民族危亡不断向西方学习，尝试模仿西方资本主义的制度和文化，但"一战"的爆发及巴黎和会的结局，客观上为中国有识之士放弃资本主义方案，进一步探求救国救民的真理创造了条件。1914 年，第一次世界大战的爆发使中国先进的知识分子陷入了新的困惑和迷茫。1919 年，中国外交在巴黎和会的失败彻底打破了

---

① 毛泽东选集：第四卷［M］．北京：人民出版社，1991：1471．

人们对资本主义伦理文明的幻想，掀起了大胆质疑并批判西方伦理文化的思潮。"十月革命一声炮响，给我们送来了马克思列宁主义"，为中国先进知识分子深刻认识世界潮流变化指明了新的方向，也就是"走俄国人的路"。由此以李大钊为代表的先进中国人开始在中国传播马克思主义，积极运用马克思主义观察和分析中国传统道德，使一大批先进的知识分子从革命民主主义者转为马克思主义者。事实上，早在19世纪末20世纪初，一些外国传教士、中国资产阶级知识分子等便在中国报刊上介绍过马克思和恩格斯的学说，但并未引起人们的特别关注，其广泛传播是十月革命爆发，尤其是五四运动后。1919年9月至10月，李大钊分两期在《新青年》杂志上发表《我的马克思主义观》，初步介绍了唯物史观、政治经济学及科学社会主义的基本内容，标志着李大钊完成从革命民主主义者向马克思主义者的转变，以及马克思主义在中国的系统传播。之后，《新青年》《每周评论》等一批报刊陆续发表马克思主义相关文章，留学日本的李达、李汉俊等进步知识分子也纷纷宣传马克思主义，由李大钊推动的马克思学说研究会、由陈独秀指导成立的马克思主义研究会等学术团体也相继成立，使马克思主义在中国的传播步入纵深阶段，推动着越来越多的进步人士成为马克思主义者。辛亥革命时期的董必武、吴玉章、林伯渠等革命家，五四运动时期活跃的蔡和森、周恩来等青年知识分子，均成为马克思主义者，走上传播和践行马克思主义的道路。

毛泽东青年时期"反对军阀和反对帝国主义"，"憧憬'19世纪的民主'、乌托邦主义和旧式的自由主义"，实质上是"自由主义、民主改良主义、空想社会主义等思想的大杂烩"①。经过新文化运动和五四运动的洗礼，毛泽东在反复检视自由主义、改良主义、无政府主义等各种思潮的基础上，选择并坚定了马克思主义信仰。他在回忆时说："我第二次到

---

① 埃德加·斯诺. 西行漫记（又名《红星照耀中国》）［M］. 董乐山，译. 北京：解放军文艺出版社，2002：110.

北京期间，读了许多俄国情况的书。……有三本书特别深地铭刻在我的心中，建立起我对马克思主义的信仰。我一旦接受了马克思主义是对历史的正确解释以后，我对马克思主义的信仰就没有动摇过。"① 这"三本书"分别是《共产党宣言》、《阶级斗争》（考茨基著）和《社会主义史》（柯卡普著）。基于对马克思主义经典篇目的深入学习，毛泽东由民主主义者转为马克思主义者，由唯心主义者转为唯物主义者，确立了马克思主义信仰。

五四运动后期，马克思主义逐步成为新文化运动的主流思潮，但随着新文化运动的发展与分化，要不要马克思主义成为学界争论的焦点。这一焦点第一次表现为问题与主义之争。1919 年 7 月，胡适在《每周评论》上发表的《多研究些问题，少谈些"主义"》指出，"对于习俗相传下来的制度、风俗""对于社会上糊涂公认的行为与信仰"等都应采取评判的态度，应当"重新估定一切价值"，反对李大钊提出的中国社会问题要做根本解决的主张。对此，李大钊于 1919 年 8 月在《每周评论》发表《再论问题与主义》，认为"主义"与"问题"密切相关，民主主义、社会主义等每个主义都有理想与实用两方面，因此"先生所说主义的危险，只怕不是主义的本身带来的，是空谈他的人给他的"②。这场争论实质上是资产阶级改良主义和马克思主义社会革命论的论战，但客观上却促进了马克思主义的传播，使以李大钊为代表的马克思主义者开始探究如何运用马克思主义解决"中国向何处去"的出路问题、如何正确对待民族传统伦理的问题。第二次表现为关于社会主义的争论。1920 年 11 月，张东荪在《由内地旅行而得之又一教训》的时评中，明确反对无产阶级革命，宣扬行会社会主义，即基尔特社会主义，并主张以此代替资本主义。

---

① 埃德加·斯诺. 西行漫记（又名《红星照耀中国》）［M］. 董乐山，译. 北京：解放军文艺出版社，2002：116.

② 李大钊全集：第三卷 ［M］. 北京：人民出版社，2016：51－52.

在人生观上，张东荪、张君劢等人认为人生观是一种主观精神，是绝对自由的创造力，是不受科学的因果律约束的。他们认为欧洲文明"实为人类前途莫大之危险"，应当提倡"内生活修养之说"①，破除功利主义，摆脱"阶级战争"和"社会革命"的痛苦，达到"德化之大同"。针对否定马克思主义的这些观点，李大钊、陈独秀、陈望道等马克思主义者皆撰文予以批评，他们从唯物史观视角出发，认为人生观的形成同社会发展密切相关，并指出，这些观点局限于思想演变成事实后的过程，却忽视了思想背景的事实这一段过程，犯了唯心论的错误。这次论战的核心在于中国要不要社会主义、采取何种社会主义，实质上是中国道路的选择问题。第三次表现为马克思主义者同无政府主义者的争论。20世纪初期，西方各种社会思潮被引入中国，其中无政府主义以反对包括政府在内的一切统治和权威与追求个人互助的理想社会为内容，受到部分知识青年的追捧。在五四运动前后，以刘师培、李石曾等为代表的无政府主义者宣传社会互助，反对无产阶级专政，对早期马克思主义者的思想造成了极大的冲击。陈独秀、李达、瞿秋白等便围绕无产阶级专政、组织和纪律等问题同无政府主义者展开争论，他们主张运用革命手段推翻资产阶级统治，通过实行无产阶级专政消灭阶级和国家，最终实现共产主义。如瞿秋白针对"利己主义""合理的社会主义"等观点，从唯物史观视角出发，提出"社会有定论""历史工具说"等命题，强调在社会发展中每个人既是工具又是目的，主张用集体主义克服个人主义。

经过五四运动后期的宣传及三次论战的影响，马克思主义同中国道路、中国文化的具体实际相结合的程度不断深化，使一批早期马克思主义者自觉划清了社会主义和资本主义、科学社会主义和其他社会主义流派的区别，更使一大批倾向于科学社会主义的有识之士成为马克思主义

---

① 张君劢，丁文江，等. 科学与人生观 [M]. 济南：山东人民出版社，1997：113.

者，为新中国成立后传承发展中华传统美德，推进马克思主义同中华传统美德的有机结合奠定了坚实基础。

二、近代有识之士的传统道德修养

现当代传承发展中华传统美德还离不开中华优秀传统文化的滋养。无论是早期马克思主义者，还是新中国成立初期的诸多伦理学人，都深受中国传统道德，尤其是儒家道德的熏陶和浸润。正是基于对中国传统道德的深刻理解，他们才能深刻把握中国传统道德同马克思主义的契合之处，成功推进中国传统道德的现代转型。

以李大钊、毛泽东为代表的先进知识分子首先是具有深厚国学功底的传统知识分子，然后才是马克思主义者。他们在幼年、青年接受的教育，充分彰显了他们传播马克思主义和推进马克思主义中国化的民族特质。李大钊在回顾他一生的教育经历时指出："幼时在乡村私校，曾读四书经史，年十六，应科举试，试未竟，而停办科举令下，遂入永平府中学校肄业，在永读书二载。"① 此后，他陆续就读于北洋法政专门学校、东京早稻田大学，学习政治知识，逐步确立了再建中国之志趣。事实上，李大钊早在四岁便开始接受祖父李如珍的启蒙教育，六岁开始接受正规的中国传统私塾教育。"那时，启蒙读物为《百家姓》《三字经》《千字文》等"，之后"和较大的孩子一起读《论语》《孟子》等，及早熟悉和学习参加科考必读的'四子书'。"② 正是对传统文化的系统性学习，李大钊的马克思主义观蕴含着深厚的文化底蕴。第一，他肯定传统爱国主义思想，矢志挽救国家民族衰颓之势，号召青年勇担救国之责，为创造一个"青春之国家""青春之民族""青春之中华"不懈奋斗。第二，提

---

① 李大钊全集：第五卷 [M]．北京：人民出版社，2013：297．
② 朱文通．李大钊传 [M]．天津：天津古籍出版社，2005：15－17．

出以解放思想为内容的"民彝"思想。这一思想发展了传统仁爱美德，要求重视精神、修身律己，强调"真能学孔孟者，真能遵孔孟之言者，但学其有我，遵其自重之精神，以行己立身、问学从政而已足"①。第三，肯定舍生取义的中华传统美德。舍生取义是中国传统义利之辨的集中体现，肯定个体为了国家民族的利益而牺牲个人的利益，要求个体在面对国家民族的危难时应不畏强暴、勇于担当。《登楼杂感（两首）》《哭蒋卫平（辛亥）》《暗杀与群德》等诗文充分展现了李大钊矢志救国、忧国忧民及舍身成仁的高尚风骨和民族气节。第四，推崇德性和德行统一的理想人格。注重心性修为、德行修养是中国传统道德的重要内容，贯穿儒释道各家思想之中，要求个体在每个人生阶段及不同人生场合要涵养德性，做到知行合一，养成具有高尚德性的理想人格。诚如李大钊在《宪法与思想自由》中所说："即孔子之说，今日有其真价，吾人亦绝不敢蔑视。惟取孔子之说以助益其自我之修养，俾孔子谓我之孔子也。"②"正是强烈的爱国之心和对社会、对人民的高度责任感，促使李大钊同志奋不顾身、英勇战斗。他身上体现出的时刻牵挂国家兴亡、时刻不忘人民疾苦并为之奋斗的精神和风范，永远值得我们敬仰和提倡。"③

毛泽东在早年和青年时期系统接受了传统道德教育，注重探究并运用其中的智慧，而这也构成了他后来从事新民主主义革命和社会主义建设的鲜明底色。从八岁开始，毛泽东便进入私塾启蒙，开始接受系统的传统文化学习。他在后来回忆时讲道："我八岁那年开始在本地一个小学堂读书，一直读到十三岁。早晚我到地里干活。白天我读孔夫子的《论语》和《四书》。"④ 私塾肄业后，毛泽东经过一番曲折到湖南第一师范

---

① 李大钊全集：第一卷 [M]. 北京：人民出版社，2006：152.
② 同①，第230页。
③ 习近平. 在纪念李大钊同志诞辰120周年座谈会上的讲话 [N]. 人民日报，2009 - 10 - 28.
④ 埃德加·斯诺. 红星照耀中国 [M]. 董乐山，译. 北京：人民文学出版社，2016：119.

求学。在湖南第一师范的五年间，"前期，他更多地关注传统典籍；后期他把重点放在哲学、伦理学上，社会实践也更加广阔和丰富了"①。正是中国传统崇义、勤学、民本等思想的滋养，使毛泽东能够很快接受马克思主义并对中国革命始终保持乐观主义精神。第一，继承传统贵德尚义的美德。毛泽东在青少年时期大量阅读《精忠传》《水浒传》《隋唐演义》等古典小说，与同学探讨其中的情节故事，特别是展现崇德尚义、追求自由等美德的情节对他影响很大。正如他回忆时所说"我认为这些书大概对我影响很大，因为是在容易接受的年龄里读的"②。第二，推崇传统勤学好问的美德。他在私塾肄业后曾有一段时间在家务农，但"还是继续读书，如饥似渴地阅读凡是我能够找到的一切书籍，经书除外"③。从这时起，勤学的习惯伴随着毛泽东的一生。第三，秉持了传统民本思想。在同埃德加·斯诺谈论时，毛泽东讲道，他在青少年时期大量阅读中国古典小说和故事的过程中，发现所有的人物都是帝王将相，从来没有一个农民做主人公。结合自身的学习经历和劳动经历，毛泽东一生都以为人民服务为人生追求，始终重视人民的利益，并将其贯穿到治国理政的方方面面。此外，自强不息、慷慨厚道、经世致用、实事求是等中华传统美德也在毛泽东的思想中占有重要地位。

义理丰厚的传统道德，尤其是立德修身、仁民爱物、救国救民等以挽救中华民族为根本指向的品质，以拯救苦难深重的中国人民为人生使命的价值追求，为中国传统道德同马克思主义的深入结合奠定了坚实的文化基础。

---

① 金冲及. 毛泽东传: 1893—1949 [M]. 北京: 中央文献出版社, 1996: 25.

② 埃德加·斯诺. 红星照耀中国 [M]. 董乐山, 译. 北京: 人民文学出版社, 2016: 119.

③ 同②。

三、近代传承发展传统道德的理论成果

自从掌握了马克思主义，中国人在精神上便由被动转为主动，"从这时起，近代世界历史上那种看不起中国人，看不起中国文化的时代应当完结了"①。受十月革命的影响，李大钊、瞿秋白、李达、毛泽东、周恩来等人先后从革命民主主义者转为马克思主义者，成为中国共产主义运动的先驱，他们具有扎实的马克思主义理论学识和中国传统文化素养，积极运用马克思主义指导中国的道德革命，推进中华传统道德的转型发展。

成为马克思主义者后，李大钊最早用马克思主义唯物史观论述道德本质和发展规律，开展对传统道德的批判，揭示道德的阶级性和历史性。在 1919 年 2 月《新潮》第 2 卷第 2 号发表的《物质变动与道德变动》一文中，李大钊指出道德"不是超自然的东西，不是超物质以上的东西，不是凭空从天上掉下来的东西"，它的"基础就是自然，就是物质，就是生活的要求。简单一句话，道德就是适应社会生活的要求之社会的本能"②。质言之，道德随物质的变动而变动，随社会生活的变化而变化，是不断发展的。"从前的家族主义、国家主义的道德，因为他是家族经济、国家经济时代发生的东西，断不能存在于世界经济时代的"，我们今日所需要的道德，"乃是人的道德、美化的道德、实用的道德、大同的道德、互助的道德、创造的道德！"③ 从前的家族主义、国家主义的道德便是中国传统封建社会的孔门伦理道德，随着社会经济基础的变化，已不适应半殖民地半封建社会的经济发展。在 1920 年 1 月 1 日于《新青年》

---

① 毛泽东选集：第四卷［M］．北京：人民出版社，1991：1516.
② 李大钊全集：第三卷［M］．北京：人民出版社，2016：133.
③ 同②，第 146 页．

第7卷第2号上发表的《由经济上解释中国近代思想变动的原因》一文中，李大钊运用马克思主义的社会存在理论和阶级分析法展开对传统道德的批判，解释了道德的历史性和变革性。他认为封建道德根植于中国传统的农业经济组织，强调"中国的大家族制度，就是中国的农业经济组织，就是中国两千年来社会的基础构造。一切政治、法度、伦理、道德、学术、思想、风俗、习惯，都建筑在大家族制度上作他的表层构造"①，其目的在于论证和维护大家族制度的合理性。这就深刻揭示了中国传统封建道德长期统治民众思想的社会基础。李大钊进一步指出，近代以来，西洋的工业经济来压迫东洋的农业经济，孔门的伦理道德基础就动摇了，中国的大家族制度也动摇了，甚至不能维持，"他的崩颓破灭，也是不可逃避的运数"②。这里不仅从经济上揭示了传统孔门伦理灭亡的历史必然性，而且指出解决道德问题的根本在于解决经济问题，因而"现代的经济组织，促起劳工阶级的自觉，应符合社会的新要求，就发生了'劳工神圣'的新伦理，这也是新经济组织上必然发生的构造"③。李大钊运用马克思主义批判中国传统封建道德的努力，不仅找到了社会革命这一铲除传统封建纲常的工具，还指出了实现这种革命的阶级力量，即无产阶级和劳动人民。

陈独秀在成为马克思主义者后，积极运用马克思主义批判道德复古论和道德不变论。他认为，道德是人类社会经济关系的产物，孔子的道德是由封建主义生产关系及其礼仪决定的产物，"其范围不越少数君主贵族之权利与名誉，于多数国民之幸福无与焉"④。这就说明了道德复古论和道德不变论的实质在于维护封建统治。从封建孔子之道不适合现代生活出发，陈独秀倡导以进步、开放和进取为基本精神的新道德，而非保

---

① 李大钊全集：第三卷［M］．北京：人民出版社，2016：186．
② 同①，第191页。
③ 同②。
④ 陈独秀文章选编：上［M］．上海：上海三联书店，1984：74．

守的、退隐的，要求人们"抛弃私有制度之下的一个人、一阶级、一国家利己主义的旧道德，开发公有、互助、赋予同情心、利他心的新道德"①。

此外，瞿秋白、恽代英、李达、方志敏等早期马克思主义者也积极推进马克思主义同中国传统道德的结合，积极用马克思主义观察中国封建道德，极大地促进了中国传统道德的转型发展。从五四运动后期到中国共产党成立期间，早期马克思主义者为推进马克思主义同中国传统道德结合的努力，是在中国封建道德和资本主义道德面临的双重危机，而中国人民又迫切需要一种新的伦理文明的历史条件下开始的，是对新文化运动倡导科学民主、推崇个性解放等社会思潮的发展，是同开展道德革命、提升国民道德素养以拯救民族危亡密切相关的，具有理论理性、价值理性和实践理性等伦理品格。

从传播马克思主义到推进马克思主义同中国具体实际的结合，以李大钊、陈独秀等为代表的中国早期马克思主义者以马克思主义为武器，提出解决"中华传统文化向何处去"的科学方案，即传承创新中国传统道德同中国具体实际相结合，为传承发展中华传统美德，引领中华民族道德生活不断发展提供了充足的精神动能。

第三节　现当代传承发展中华传统美德的理论资源

马克思、恩格斯在《德意志意识形态》中曾指出，任何划时代的理论"都是以本国过去的整个发展为基础的，是以阶级关系的历史形式及

---

① 陈独秀文章选编：上［M］．上海：上海三联书店，1984：445．

其政治的、道德的、哲学的以及其他的后果为基础的"①。现当代社会主义伦理文化不仅建立于中国具体实际及中国古代伦理文化的基础之上，而且建立于近代中国，尤其是中国共产党成立前的伦理文化的基础之上。十月革命以前，中国的有识之士都在苦苦探寻救国救民的真理，他们或推崇中华传统文化，或移植西方近代文化，而十月革命后随着马克思主义的传入，中国近代思想文化领域形成了三大思潮交相辉映的局面，为现当代传承发展中华传统美德并避免中华传统文化的不足和西方近代伦理的弊端提供了丰富的思想资源。

一、马克思主义伦理思想及其中国化的早期成果是重要思想指导

"无论时代如何变迁、科学如何进步，马克思主义依然显示出科学思想的伟力，依然占据着真理和道义的制高点。"② 马克思主义伦理思想作为马克思主义的价值内核之一，以唯物史观为根本遵循，以对善与正义的追求为价值引领，在阐释道德现象、研究道德问题、揭示道德发展规律的基础上，重点聚焦无产阶级道德和共产主义道德的类型及建设，旨在通过道德建设实现人的全面发展。形成于 19 世纪资本主义机器大工业迅猛发展基础之上的马克思主义学说，集中展现了无产阶级的世界观、人生观和价值观，"是人类在 19 世纪所创造的优秀成果——德国的哲学、英国的政治经济学和法国的社会主义的当然继承者"，为全世界追求善与正义的人们"提供了决不同任何迷信、任何反动势力、任何为资产阶级压迫所作的辩护相妥协的完整世界观"③。

从马克思主义的世界观、人生观和价值观的视角审视，马克思主义

---

① 马克思恩格斯全集：第三卷［M］．北京：人民出版社，1960：544.
② 习近平．在哲学社会科学工作座谈会上的讲话［M］．北京：人民出版社，2016：6.
③ 列宁专题文集·论马克思主义［M］．北京：人民出版社，2009：67.

伦理思想的创立是人类伦理思想史上的革命性变革。首先，它运用唯物史观研究道德问题，为伦理学成为科学建立根基。马克思主义之前的伦理思想或从唯心主义历史观，或从天及神的意志，或从人的自然属性出发研究道德现象和道德问题，致使伦理学陷入道德永恒论或主观主义的泥淖，不能成为真正科学的伦理思想。马克思主义从唯物史观视角阐释道德现象，肯定道德和利益的辩证统一，强调道德与利益、个人利益与集体利益的辩证统一，由此揭示了道德的本质、功能及其发展规律，使道德在个人生活和社会发展中的地位得到确立，并使研究道德的伦理学成为一门真正的科学。其次，把维护无产阶级和人民群众的根本利益作为自己的使命，使代表一部分人，尤其是统治阶级利益的伦理学成为代表广大无产阶级和劳动人民的利益的伦理学。过去的伦理思想本质上代表了一部分统治阶级的利益，忽视乃至否定了普通人民的价值和尊严，只有马克思主义伦理思想真正地代表无产阶级和人民大众的利益，为人民大众的福祉作理论辩护，因而得到广大劳动人民发自内心的拥护，切实成为"化理论为德行""化哲思为德行"的航标与旗帜。最后，将道德实践作为理论内核，使道德从抽象的理论思辨成为人们认识自然与改造自然、认识自我与发展自我的理论武器。以往的伦理学说往往局限于对道德生活的认识方面，缺乏开展道德生活实践的品格，而马克思主义伦理思想以现实的道德生活为起点，主张道德生活对道德理论具有决定性作用，并且道德理论对道德生活具有反作用，强调道德实践，尤其是共产主义道德实践是人们认识自我和发展自我的必由之径。

十月革命后，马克思主义伦理思想经由中国早期马克思主义者的传播与发展，推动了中国马克思主义伦理思想的形成和初步发展。新文化运动后期，在俄国十月革命的影响下，以李大钊、陈独秀、毛泽东、周恩来等为代表的有识之士迅速成为中国传播马克思主义伦理思想的积极分子。他们推动中国马克思主义伦理思想形成和初步发展过程的实质就是"将马克思主义伦理思想基本原理同中国具体道德生活实践相结合，与中华优秀传统伦理文化相结合，并在这种结合中形成新理论、产生新成果的过程"①。首先，他们运用唯物史观分析道德的起源及实质，认为道德是精神现象的有机构成，决定于经济生活和社会生活，反作用于经济生活和社会生活，随着物质条件和经济关系的发展而发展，具有历史性和阶级性。其次，他们运用唯物史观深入批判了中国传统道德和西方资本主义道德，指出中国传统封建主义道德根源于中国传统农业经济、家族制和私有制，是压迫和剥削人的道德，是造成中国人根深蒂固的奴性和中国社会长期落后的内在因由，而以利己主义和个人主义为根本立场和价值原则的资本主义道德则导致了侵略、争夺、贪婪、自私等种种恶德。此外，他们还从马克思主义伦理思想的核心价值和精神追求出发，深入剖析了无产阶级道德的实质和进步性，倡导共产主义人生观和幸福观。如李大钊认为无产阶级道德作为"适应人类一体的生活，世界一家的社会之道德"，是"大同的道德、互助的道德、创造的道德"②，指出高尚的人生是在道德实践中"为后人造大功德，供永远的'我'享受，扩张，传袭，以至无穷"③。

"马克思列宁主义伦理学乃是新的、更崇高的道德关系的创造性伦理学。它不仅提出爱人、尊重人、保持人的尊严的原则，而且也开辟实际实现这一原则的现实途径——通过人们的相互活动，通过革命地、实践地改造生活环境。"④ 早期中国马克思主义者积极传播马克思列宁主义伦理思想，在推进马克思主义同中国道德实践和中华传统文化的结合中，有力地削弱了文化保守主义和自由主义西化论等消极思潮的影响，找到

---

① 王泽应. 马克思主义伦理思想中国化最新成果研究 [M]. 北京：中国人民大学出版社，2018：9.

② 李大钊文集：第三卷 [M]. 北京：人民出版社，2016：146.

③ 李大钊文集：第二卷 [M]. 北京：人民出版社，2016：287.

④ 季塔连科. 马克思主义伦理学 [M]. 愚生，重耳，译. 上海：上海译文出版社，1981：50.

了通过依靠人民开展道德革命，实现人的自由而全面发展的社会主义道路，为马克思主义伦理思想成为现当代中国伦理文化建设的价值内核和精神动力，更为现当代在革命、建设和改革中传承发展中华传统美德提供了价值原则和传承典范。

二、中国古代伦理思想及其近代形态是重要思想来源

中国传统伦理思想是中华传统文化的重要组成部分，是中华民族在几千年的实践中创造出来并经过一代代思想家提炼总结和不断创新的思想结晶，表征着中华民族独特的精神追求和精神标识。中国传统伦理思想大致可分为八个时期，① 主要研究道德同利益的关系问题、道德的最高理想问题、人性问题、道德修养问题、道德品质的形成问题、道德评价问题、人生的意义问题（人生的价值问题）、道德的必然和自由的关系问题、道德规范问题、德治和法治的关系十个方面的问题，而对这些问题的回答不仅展现了先贤的伦理精神，而且蕴含了他们认识道德现象和处理道德关系的智慧。

为了更好把握传承中华传统美德的基本内容和历史经验，便须从近代中华传统美德面临的历史背景出发，通过对比中西方传统伦理思想，揭示中华传统美德的独特气韵。相较西方伦理思想传统，中国伦理思想传统彰显出相互联系的整体性特征和个性鲜明的民族性特征。第一，重视人伦关系。相比西方传统伦理思想对人的义务及责任的要求，中国传统伦理思想将以家族为本位的道德关系延伸至整个社会，并使人伦关系成为其重要内容。最早在《尚书·尧典》便已提出要处理家庭伦理关系，

---

① 八个时期依次为：前孔子时期、春秋战国至秦、两汉时期、魏晋至隋唐、北宋至明中叶、明中叶至鸦片战争、鸦片战争至五四运动、五四运动至中华人民共和国成立。参见：罗国杰. 中国伦理思想史：上卷［M］. 北京：中国人民大学出版社，2008：5－6.

正如舜对大臣契所讲："契！百姓不亲，五品不逊。汝作司徒，敬敷五教，在宽。"其中五种关系便是基于家族本位的父、母、兄、弟、子五个方面的关系，而主管教化的司徒则对人们进行处理伦理关系的教育，使百姓和睦团结。之后孔子把传统人伦关系延展至社会上人与人的关系，并赋予家族制和等级制的色彩，如孔子的正名思想便是将孝道的思想延伸至君臣关系之中。第二，重视精神境界，推崇道德需要。同亚里士多德提出的"人是社会的动物"以及柏拉图提出的"人是有理智的动物"等西方传统伦理思想主流相比，中国传统思想家普遍认为德性是人区别于动物的根本标志，强调道德需要是一种更高层次的需要。如孟子认为人的需要是多层次的，物质需要是基础的，道德需要，尤其是道德主体能动性的彰显则是至为重要的，且在特殊情况下发生冲突应以义取利、舍生取义，即"万物皆备于我矣。反身而诚，乐莫大焉"（《孟子·尽心上》）。第三，重视人的价值，弘扬人本主义精神。相比西方奴隶社会把"奴隶视为会说话的工具"的观点，中国的儒家和墨家则都肯定人的价值，以"爱人"为自身的思想原则。如孔子把"仁"作为其思想的内核，将"忠恕"作为"仁"的内涵，要求人们舍己利人、舍己爱人。第四，重视整体价值，讲求整体精神、公私关系。这里的整体就是社稷或国家，也就是"公"或"公利"，同义利之辨或公私之辨密切相关。如在义利关系上，儒家讲"君子喻于义，小人喻于利"（《论语·里仁》）、"王何必曰利？亦有'仁义'而已矣"（《孟子·梁惠王上》）等，其中的"义"便包含着公利的思想，强调在个人利益和整体利益发生矛盾时要"舍生取义"。但中国封建社会的思想家强调的整体或公利实质上忠于皇帝，是虚幻的、虚假的，需要摒弃。第五，重视个体的道德修养。相比西方伦理思想传统，中国传统伦理思想并非不重视个体，而是以个体道德为起点，从个体的"本心""良知""初心""良能"出发，要求个体立德修身、涵养心性。独具特色的中国传统道德修养论，便是道德理论内化为个体德性的关键环节，即"修身""澡身""洁身"。如孟子提出的"知道"和"集义"，要求个体掌握道德的重要性及发展规律，持续地践行道德规范，而这正是涵养"浩然之气"或开展道德修养的方法。第六，重视推己及人、修己安人的道德思维。孔子所讲"己所不欲，勿施于人"（《论语·卫灵公》）、"己欲立而立人，己欲达而达人"（《论语·雍也》）等"为仁之方"，就是中国传统儒家"爱人"的具体道德思维，表现在"能近取譬""推己及人""将心比心"等方面，强调每个人都可以依据人的良知良能实现道德体悟和道德践履，并通过自己的体验、感情、欲望而为仁。另外，探讨中国传统伦理思想必须摒弃其糟粕，如重人伦价值这一特点，要摒弃封建社会君臣、父子、夫妇关系不平等的色彩，以及其中否定人的个性的思想。

受近代民族危机和社会危机不断加深的影响，中国传统伦理思想在近代受到猛烈抨击，尤其是新文化运动后，封建传统伦理思想从根本上被摒弃，宣告破产。针对传承发展中国传统伦理思想遭遇的困境，中国先进的知识分子围绕如何对待中国传统伦理思想形成了两种倾向：一种以胡适、丁文江为代表，他们认为"中国传统伦理是糟粕多而精华少，应基本否定或全盘否定"①，主张"大胆""全面"地学习西方，不仅要学习西方的科技、制度，而且要把握民主、自由等彰显个性解放的西方伦理思想；另一种以梁漱溟、熊十力等为代表，他们认为中国传统伦理特别是儒家伦理重视人的价值，高扬人道精神，有助于消解西方社会发展导致的吸毒、凶杀等精神危机，以及离婚率增高、青少年无人教育比例上升等社会危机。前者看到中国传统伦理的不足并对其分析批判，但忽视和抹杀其积极因素的主张是不全面的；而后者尝试通过"复兴儒学"摆脱西方现代文明所带来的精神危机和社会危机同样是片面的。无论是西化论还是文化保守主义都未提出正确对待中国传统伦理思想的方案，

---

① 罗国杰. 中国伦理思想史：上卷［M］. 北京：中国人民大学出版社，2008：12.

但传承发展中华传统道德研究却不断走向深入。五四运动后期，马克思主义在中国的广泛传播，使陈独秀、李大钊、鲁迅等人运用马克思主义分析中华传统道德及近代西方道德思潮，经过问题与主义、社会主义论战和无政府主义论战等几大论战，"既批评了东方文化派的伦理保守主义和玄学派的科学伦理二分说，又揭露了全盘西化派和科学派的民族伦理虚无主义和以真代善论"①，使马克思主义"逐渐地被人们所理解、所选择"②，从而真正实现了中国伦理文化领域的道德革命，奠定了用马克思主义伦理思想指导传承发展中华传统道德的主体地位的理论基础。

近代有识之士以唯物史观检视中华传统道德问题，认为传统道德由传统农业社会和家族制度所决定，我们应当批判继承，重视发掘历史遗产的民主性和科学性因素，注意摒弃传统伦理中的消极因素，既反对全面否定中国传统伦理的西化派，也反对忽视中国传统伦理思想消极性的文化保守主义。总之，这一时期的探索对中华传统伦理的理论认识和实践探索都相对浅显，但它同中国古代伦理思想一起为现当代科学继承和弘扬中华传统美德提供了思想资源和传承经验。

三、西方近代伦理思想及其在中国的传播是重要借鉴

现当代传承发展中华传统美德绝不是离开世界伦理文化的凭空创造，而是在充分借鉴世界伦理文明，尤其是西方伦理文明的优秀成果和总结不同时期道德实践经验的基础上形成的。近代以来，由于西方文明的强势扩张，西方伦理思想也逐步成为人类伦理思想史上有较大影响的思潮之一。西方伦理思想传统大致可分为古希腊、中世纪、近代三个阶段，其中影响较大的主要有：以事物和行为的自然性质来诠释道德的自然主

---

① 唐凯麟，王泽应. 中国现当代伦理思潮［M］. 合肥：安徽文艺出版社，2017：268.
② 冯契文集：第7卷［M］. 上海：华东师范大学出版社，2016：286.

义伦理学、以人所经验到的快乐幸福和满足感的事物和行为作为善的内涵的快乐主义伦理学、以信仰高于理性为特质的神道主义伦理学、以理性或实践理性作为伦理根基的理性主义伦理学、以人的情感为道德来源和道德行为的动力为内容的情感主义伦理学、以行为的功利或效用为道德评价唯一标准的功利主义伦理学。

相比中国伦理思想传统，西方伦理思想传统主要具有以下四个方面的特征。第一，推崇价值二分的伦理构架。与中国传统崇尚和合相比，这种架构的源头就是二元性的，它由古希腊探求"高尚的灵魂寓于健壮的体魄之中"的伦理精神和希伯来宗教追求的灵魂自由共同构成"两希传统"，使灵（魂）和肉（体）始终处于相分和相连的关系中。这种架构表现在始终存在的善恶矛盾及由此引发的价值冲突上，如古罗马的普遍律法主义和伦理普世主义，中世纪的天国与世俗、信仰与理性，近代的感性和理性、目的论和道义论等。这种架构还彰显了西方伦理思想传统的方法论特征，诸如苏格拉底的"助产术"、康德的"道德二律背反"及黑格尔的理念辩证法等。第二，具有神人二元的伦理特色。从古罗马、中世纪到近代，神人互竞、信仰与理性冲突等蕴含对立思维的西方伦理思想，不得不时常面对并处理两种传统之间的竞争。如康德用"纯粹理性"之剑杀死了上帝，却又用"实践理性"之手请回了上帝；费尔巴哈推崇唯物主义哲学，却又建立了"爱的宗教"等。第三，追求个人和权利优先。相比中国古代伦理对整体、人伦关系的重视，西方伦理思想主张个人中心与权利优先，推崇个人利益，追求个人发展，反对社会对个人的制约。从西方的社会背景和历史条件检视，个人中心或权利优先的思想起源于古希腊对公民身份的推崇，而公民身份将个体置于城邦—国家的公共视域之中，区分了人的公共生活和私人生活，从而使人在道德价值秩序中的中心地位得到确立，进而也使人的权利具有了某种价值秩序意义上的优先性。第四，区分道义与目的。相比推崇义利统一的中国伦理思想传统，西方伦理思想讲求二者的区别，认为任何道德认识或伦理思想都必须在二者之间做出抉择，即肯定普遍道义论，否定价值目的论，或肯定价值目的论，否定普遍道义论。直到 20 世纪中期，西方伦理思想界才出现弗兰肯纳的"混合义务论伦理学"。整体来看，西方伦理思想作为系统理论形式的道德沉思始于亚里士多德，之后历代伦理学家都对道德的起源、本质、原则、规范等问题进行了不同程度的有益探讨，形成了从个人物质利益出发，立足人性自私论，讲求个人主义道德原则，表现为正义、人道等道德价值追求的思想体系，对某一特定时期社会进步和人的发展起到了积极作用，但也存在一系列理论上的弊端，并诱发了深重的道德危机，对此我们必须加以科学的批判和分析。

1840 年以来，西方近代伦理思想随着西方侵略的扩大在中国产生了巨大影响，逐步为中国有识之士所了解和把握。近代西方伦理思想在中国的传播和发展实质上是由中国传统伦理思想衰落所引发的一种价值危机，从以冯桂芬等为代表的早期改革派、以康有为等为代表的维新派，到五四运动时期以胡适为代表的西化派，都猛烈批判或全面否定中国传统伦理思想，推崇西方自由主义或个人主义的道德价值，认为全盘西化是实现民族复兴和国家独立的根本途径。其中胡适对封建儒家伦理进行了猛烈抨击，认为"何以那种种吃人的礼教制度都不挂别的招牌呢？正因为两千年吃人的礼教法制都挂着孔丘的招牌——无论是老店，是冒牌——不能不拿下来，锤碎、烧去"①。作为五四新文化运动的旗手，胡适深入剖析和猛烈批判了以孝道、贞操为内容的孔教纲常，倡导重估一切价值，推崇用理性的精神、怀疑的态度反思传统伦理。他还在比较中西伦理文化的基础上，高度肯定西方的物质文明，认为中华传统文化只有经过全盘西化才有美好未来，其根源在于"西洋人由于物质上的不知足产生了今日的钢铁世界、汽机世界、电力世界，理智上的不知足产生

① 胡适文集：第 1 卷［M］. 北京：北京大学出版社，1998：608.

了今日的科学世界，社会政治制度上的不知足产生了今日的民权世界、自由政体、男女平权的社会劳工神圣的喊声、社会主义的运动。神圣的不知足是一切革新一切进化的动力"①。

针对以胡适为代表的自由主义西化论者，早期中国马克思主义者积极回应。他们以马克思主义为观察中国命运的理论武器，主张批判继承中华传统伦理思想而非全面否定，汲取其中的合理因素，摒弃其中的消极因素，并借鉴自由主义西化论思潮的合理因素，使之成为中国马克思主义的重要内容。从早期中国马克思主义者同自由主义西化论者的理论互竞来看，他们不仅坚持马克思主义的立场、观点和方法，而且合理吸收自由主义西化论者倡导的自由、民主等思想，将其纳入马克思主义中国化与中国传统伦理思想现代发展的过程，如对物质和精神、理和欲、群和己等关系的探讨。因此，西方传统伦理思想及其在近代中国的发展对现当代传承发展中华传统美德借鉴意义。

---

① 胡适文集：第4卷［M］．北京：北京大学出版社，1998：13．

第二章　现当代传承发展
中华传统美德的发展历程

第一节　现当代传承发展中华传统美德的新阶段

　　新民主主义革命时期，在启蒙和救亡的时代主题下，中国有识之士积极向西方学习，以俄为师，不断推进马克思主义中国化，汲取各种思潮的合理因素，找寻中华民族救亡图存的正确道路。在关于如何对待和传承中国古代传统美德的问题上，他们以马克思主义为指导，以新民主主义文化为引领，在激进批判中选择吸收中华传统美德，赋予中华传统美德新的内涵和形式，并使其服从和服务于革命大局，为取得新民主主义革命的胜利、现当代有效传承发展中华传统美德提供了宝贵思想资源。

一、马克思主义和中华传统美德走向辩证结合

　　近代以来，中华民族和社会发展遭遇了严重危机，救亡与启蒙成为时代的主题，中国先进的知识分子在"古今、中西"的碰撞与会通中，

反思包括中华传统美德在内的中华传统道德，他们不断抨击乃至否定中国传统道德，使中国传统道德陷入泥淖。特别是新文化运动"反传统，反孔教，反文言"的口号，旨在通过批判，甚至摒弃中国古代道德及其中的美德，探寻新的文化进路，拯救近代日益衰亡的中国。立足科学和民主的"启蒙"，倡导新道德，反对旧道德，推崇"伦理觉悟"（陈独秀语），致力于实现个人解放、个人自由，反对封建主义的道德专权和精神愚昧；"救亡"则针对列强侵略、内乱丛生的危局而提出，蕴含以国家独立、民族振兴为内容且超越于个人或个性的民族观、文化观，成为当时价值和文化的主题。来自西方的马克思主义在俄国十月革命后，经过新文化运动先驱的摇旗呐喊，为中国众多有识之士逐步理解并初步掌握。它在新民主主义革命中不只是启迪中国人民冲破封建桎梏、驱逐外来侵略，更为中国人民精神的自立自强提供了精神武器。

在启蒙和救亡的时代洪流中，马克思主义者在"如何对待中华传统美德"的问题上取得了显著成就，并逐步成为主流思潮。这一时期的马克思主义者以俄为师，在"如何对待中华传统美德"的问题上，着重反思了近代以来不同学者对"古代文化中的道德与相关遗产"的原则方法，由此促使马克思主义和中华传统美德的结合走向深入。一方面，他们充分挖掘中国传统道德同马克思主义的内在一致性。从近代思想演变来看，中国马克思主义者选择和接受马克思主义既是为了拯救民族危亡、实现民族振兴，也是为了更好回应"古今、中西"之争并传承中华传统美德，重点解决改造社会、培养时代新人过程中出现的突出问题。在社会改造问题上，李大钊指出马克思的唯物史观只是从经济政治角度阐释社会改造问题，而仅变革政治经济组织不能完全解决这一问题，还要遵循人类社会生活的普遍法则，"把家族的精神推及于四海，推及于人类全体的生活的精神"[1]。他还立足中华传统美德创新发展视角，借鉴"仁爱""和

---

① 李大钊全集：第二卷［M］.北京：人民出版社，2016：480.

善"等中华传统美德观念，指出"一切形式的社会主义的根萌，都纯粹是伦理的。协合与友谊，就是人类社会生活的普遍法则"①。另一方面，他以马克思主义为指导，对专制主义、平均主义、空想主义等中国传统道德的落后内容予以深刻批判，积极推动中华传统道德现代发展。针对以平均为内核的传统义利观，陈独秀、李达等人纷纷从社会主义视角予以阐释，将社会主义诠释为平均享有全部社会财富。如李达认为，马克思主义以革命手段变革经济组织，就是"主张一切生产及交换工具都归公有，不许私人把财产用做生产或交换工具来增加他的私有财产；却不是'平均财富'这类浅陋的主张，也不是'彼此通财'那样普通的习惯"②。总之，中国传统道德赋予马克思主义民族底色和马克思主义推动中国传统道德转型发展共同构成了新民主主义革命时期继承和发扬中华传统美德的实践路径，确立并推动了中华传统美德的现代发展，成为现当代继承和发扬中华传统美德、发展社会主义道德的亮丽底色。

二、选择吸收的方法论原则

新民主主义革命时期，先进知识分子立足马克思主义根本立场，从历史唯物主义及辩证唯物主义的视角审视、批判并传承中国传统道德，选择吸收、辩证对待中国传统道德。

早期马克思主义者受新文化运动"反传统"基调的影响，深入剖析了以"三纲五常"为核心的封建道德，在批判中汲取传统道德的合理成分，继承传统道德遗产。新文化运动期间，中国传统道德不仅被视为近代社会危机和民族危机的根源，而且被当作被束缚和阻碍国家独立和民族复兴的思想枷锁。以李大钊、陈独秀、瞿秋白等为代表的早期马克思

---

① 李大钊全集：第二卷［M］．北京：人民出版社，2016：480.
② 《共产党》第四号短言［J］．共产党（第4号），1921年5月7日.

主义者受此影响，特别是在同东方文化派的论战中，他们选择以马克思主义为指导。如瞿秋白在《东方文化与世界革命》中依据"道德是发展变化的"这一具有马克思主义性质的命题，认为中国古代"宗法社会的伦理也曾一度为社会中维护生产秩序之用"，但已不适应当下中国社会的发展，阻碍着社会的改革及进步。进一步，他指出以封建社会和封建制度为基础的道德观念如不破除，中华民族便不能抵御列强侵略，发展真正的东方民族文化。总体来看，早期马克思主义者能够坚持辩证唯物主义立场，较为辩证地对待中国传统道德。可见，早期马克思主义者的许多思想论断正是近代中国人民伦理觉悟和民族救亡的映射，在一定程度上规定了新民主主义革命时期党和国家对待中华传统美德的基调。

伴随新民主主义革命进程的不断推进，早期马克思主义者逐步科学地对待并传承中华传统道德，主张批判继承包括中华传统美德在内的传统道德及道德遗产，由此初步探索了中华传统美德同马克思主义相结合的具体路径。如毛泽东明确把变革道德作为思想文化战线，乃至中国社会革命的重要任务，认为道德由政治和经济决定，但在道德发展中具有继承性。毛泽东指出，"学习我们的历史遗产，用马克思主义的方法给以批判的总结……从孔夫子到孙中山，我们应当给以总结，继承这一份珍贵的遗产"①，"必须将古代封建统治阶级的一切腐朽的东西和古代优秀的人民文化即多少带有民主性和革命性的东西区别开来"，"剔除其封建性的糟粕，吸收其民主性的精华"②。他还指出，发展中华传统道德要挖掘自身的民族性，保持中华民族的尊严，并强调总结道德遗产要为无产阶级革命事业服务。同时，毛泽东还提出了"马克思主义中国化"的命题，认为"马克思主义必须和我国的具体特点相结合并通过一定的民族形式

---

① 毛泽东选集：第二卷［M］．北京：人民出版社，1991：533－534．
② 同①，第707－708页。

才能实现""离开中国特点来谈马克思主义，只是抽象的马克思主义"①。质言之，选择吸收包括中华传统美德在内的中国传统道德成为早期马克思主义者传承发展中华传统美德的方法论，为现当代中国推进中华传统美德现代发展奠定了理论基础。

三、服从和服务于中华民族救亡图存的革命大局

新民主主义革命时期，以实现国家独立和民族解放为核心的使命规定了中国共产党传承和发展中华传统美德的价值指向和要求，就是以服从和服务民族救亡图存的大局为根本目的，鼓励敢于斗争、热爱集体的意识和品质，由此决定了"总体上反对经学为根脉、儒道佛为主干的传统文化及其美德"②。

早期马克思主义者初步探索了中国传统道德同时代中心问题结合的发展进路，他们依据马克思主义基本原理，结合新民主主义革命大局需要，深入诠释了如何对待道德遗产的问题。如以"先天下之忧而忧，后天下之乐而乐"阐释共产党人的道德理想，以"杀身成仁，舍生取义"阐释共产党人的革命精神，以"人皆可以为尧舜"证明共产党人加强道德修养的可能性等。由上述可知，至少在20世纪30年代，马克思主义者在道德建设上便强调批判继承道德遗产及其美德，挖掘其中的优秀因子，摒弃其中的糟粕成分，使其中的优秀因子成为推进新民主主义革命的精神驱动要素，自觉把中华传统美德同时代中心问题相结合作为现当代传承发展中华传统美德的使命任务。

---

① 毛泽东选集：第二卷［M］．北京：人民出版社，1991：533－534.
② 王文东，李伟. 中国共产党推进传承发展中华传统美德的百年历程及基本经验［J］．宁夏社会科学，2022（4）：5－12.

四、以新民主主义文化引领中华传统美德的现代发展

从 20 世纪 20 年代至 40 年代末，中国共产党领导中华民族和中国人民推翻了帝国主义、封建主义、官僚资本主义三座大山，实现了由半殖民地半封建社会向国家独立、民族解放、人民自强的历史性变革，赢得了新民主主义革命的胜利，其关键就在于马克思主义科学理论和"民族的、科学的、大众的"民族文化的理论支撑和思想指引。在传统道德现代转型中，"民族的"强调新道德要反对列强的侵略与压迫，推崇中华民族的尊严和独立；"科学的"强调新道德要反对腐朽的陈旧的封建思想，要求尊重真理、实事求是；"大众的"强调新道德要以为绝大多数的工农群众服务为职责。在如何对待中国古代道德遗产及其美德的问题上，依据马克思主义的价值追求，以服务新民主主义政治和经济的文化建设及其道德建设为指向，吸取中国传统道德中的精华，摒弃其中的糟粕，推动中华传统美德的现代发展。

以新民主主义文化为指引，检视中国传统道德，主张改造发展中华传统美德，使民众认同启蒙与救亡的时代主题，成为具有鲜明时代特色的新道德。毛泽东在尊重中国传统道德的基础上，总结概括其中的优秀美德，并赋予其新的内涵。在他看来，"中华民族不但以刻苦耐劳著称于世，同时又是酷爱自由、富于革命传统的民族"①。中华民族不惧艰难、奋进有为，开拓了中华民族的辽阔疆域，创造了中国古代文明。中国历史上反对剥削阶级压迫的数百次农民起义，生动展现了中国人民追求自由、敢于斗争的美德。此外，毛泽东还论述了中华民族富于创造、具有强烈民族自尊心和民族自信心、勇于坚持真理等美德。周恩来非常重视道德修养，积极汲取谦逊实际、俭朴勤劳、好学深思等中华传统美德，

---

① 毛泽东选集：第二卷［M］．北京：人民出版社，1991：623.

并使其成为自身道德修养和提升共产党员品质的重要内容。在总结毛泽东的工作作风时，周恩来指出，毛泽东具有"中华民族的谦逊实际；中国农民的朴素勤勉；知识分子的好学深思；革命军人的机动沉着；布尔什维克的坚韧顽强"①。总体来看，这一时期传承发展中华传统美德以马克思主义为指导，以领导人民破除封建网罗、实现民族解放、追求个性解放为传承的具体要求，重点挖掘实事求是、敢于斗争、勤劳节俭、勇于牺牲、天下为公等具有凝聚民族精神作用的中华传统美德，并赋予其新的形式和内涵，为马克思主义中国化、新民主主义革命的胜利奠定了坚实的文化根基。

第二节　现当代传承发展
中华传统美德的曲折发展阶段

新中国的成立，揭开了历史新的一页。中国人民告别了贫穷落后的旧社会，迎来了独立富强的新社会。但如何迅速医治战争留下的创伤？如何开展社会主义革命和建设？这些决定了党和国家要适时改变战争年代对待中华传统美德的态度和方法，使继承和发扬中华传统美德服从和服务于国家独立和民族富强的中心任务，让中华传统美德成为激励人们投身社会主义建设的精神养分。

一、改造与发展的基本态度

在社会主义革命和建设时期，结合独立和富强的时代中心问题，中

---

① 周恩来选集：上卷［M］．北京：人民出版社，1980：132．

国共产党以推进文化建设、继承和发扬中华传统美德服从和服务于民族独立和国家富强为理想追求。当时，经济基础薄弱，民生困苦，人民解放战争尚未完全结束，美帝国主义虎视眈眈，政治建设繁重艰巨，这些都考验着新生的人民政权。面对复杂形势和种种考验，党和国家在文化建设领域虽然做了调整，但是基本上延续着战争年代重视革命和阶级意识的思想观念，表现为激进改造传统道德。

激进改造中华传统美德不仅是新中国直面各种困难和考验的必然选择，同时还受到了苏联对待本国传统美德的看法影响。列宁主张以马克思主义世界观和方法论对待传统文化，尊重传统文化，他在《关于无产阶级文化的决议的草稿》中指出，建设无产阶级文化不是臆造新的无产阶级文化，而是依据马克思主义世界观和无产阶级的生活条件，发扬现有文化的典范、传统和成果。到了卫国战争时期，为凝聚全民族的力量进行抗战，苏联共产党和政府积极弘扬爱国主义，特别是在各个领域都掀起了崇拜伊凡四世、彼得大帝等老沙皇，以及苏沃洛夫、库图佐夫等俄国对外战争将帅的浪潮，其实质在于苏联政府尝试通过对昔日伟大俄国的历史回忆来唤起人们的爱国主义精神。20 世纪 50～70 年代，随着苏联逐步走向强大，集体主义、爱国主义等苏联传统美德受到重视，但走极端、民族优越感等传统糟粕也深刻影响着苏联的道德建设。为顺利开展社会主义革命和社会主义建设，抵御美帝国主义的威胁，新中国成立初期便转向苏联，特别是苏联以革命和阶级意识对待传统道德的态度和方法，更是直接影响着新中国对待中华传统美德的态度和方法。苏联在新中国成立初期，有力地支持了中国的社会主义建设，充分展现了集体主义的美德，但受大俄罗斯沙文主义的影响，他们尝试在中国攫取更多权益，严重影响了中国的主权，最终导致中苏交恶。

总体来看，这一时期新中国对待中华传统美德的态度虽然有适时改变，但是革命时期对待中华传统美德的态度和方法仍在延续，主要表现为以深度改造的方式对待中华传统美德。

二、"双百"方针

新中国就积极肃清封建主义剥削道德的残余，适时改变革命时期对待中华传统美德的态度与方法，以中华传统美德创新发展之力推进新中国各领域建设。

新中国成立后，确立"双百"方针，提出处理中外文化关系的科学方法，彰显了党和国家对待中华传统美德的态度与方法的更新与转化。第一，客观探究传统道德。毛泽东从马克思主义立场出发，结合新中国建设需要，指出中华传统文化虽然以封建时代的文化为主，但是"不全是封建主义的东西，有人民的东西，有反封建的东西"，我们"要把封建主义的东西和非封建主义的东西区别开来"[①]，挖掘其中具有人民性和反封建性的成分。第二，肃清封建道德遗毒，传承优良中华传统美德。"反映旧制度的旧思想的残余，总是长期地留在人们的头脑里。"[②] 一方面，通过法律、教育等措施破除封建剥削道德的藩篱，宣传社会主义道德。1950 年 5 月颁布的《中华人民共和国婚姻法》明确废除忽视妇女意愿、父母包办的封建婚姻制度，规定了以婚姻自由、男女平等保障妇女权益为内容的新型婚姻制度。进一步，党和国家通过一系列文件和教育工作，倡导妇女学习科学文化知识，有力激发了广大妇女参与社会主义建设的热情。同时，还大力打击封建迷信活动，用科学知识教育人民，由此遏制并减少了封建迷信活动。另一方面，宣传合乎社会主义革命和建设实际的中华传统美德，使其成为凝聚力量的重要内容。新中国成立后积极继承和发扬勤俭节约、廉洁奉公的中华传统美德，针对党政机关存在的

---

① 中共中央文献研究室．毛泽东文集：第八卷［M］．北京：人民出版社，1999：225.
② 同上注。

官僚主义、贪污、浪费等现象，积极开展反贪腐运动，揪出一大批蛀虫，切实维护党和人民的根本利益。同时，大力传承爱国、自强不息、艰苦奋斗等传统美德，激发人民的爱国情感，凝聚全国人民的力量保卫和建设新中国，书写了波澜壮阔的奋斗史诗。第三，繁荣社会主义道德。1956 年 4 月，毛泽东首次提出"艺术问题上的百花齐放，学术问题上的百家争鸣"。1956 年 5 月，陆定一系统阐述了"双百"方针。1957 年 2 月，毛泽东再次强调"双百"方针是艺术和科学发展、社会主义文化繁荣的指导方针。在如何开展道德建设问题上，"双百"方针旨在引领相关人员在宪法范围内开展自由讨论和辩论，推进中华优秀传统道德的现代发展。"双百"方针实施以来，取得了卓越的成效，"学术界自由讨论的风气浓厚起来了。一年来，关于遗传学，关于中国历史，中国哲学，关于美学，关于文学艺术中的现实主义等等问题，都展开了不同意见的争辩。……所有这些，基本都是好的，正常的，健康的现象。这是一种活跃和兴旺的气象"①。第四，提出正确处理古今中外道德的关系。1956 年 8 月 24 日，毛泽东提出"古为今用，洋为中用"的方针，指出"向古人学习是为了现在的活人，向外国人学习是为了今天的中国人"，强调"要反对教条主义，反对保守主义，这两个东西对中国都是不利的"②。在他看来，中华民族的东西有自己的规律和特点，传承中华传统道德要彰显自身的民族形式和民族风格。学习西方的目的是推动中华传统道德转型、社会主义道德繁荣，但要拒绝照抄照搬西方伦理文化，也要防止因学习西方文化而否定中华传统道德的倾向发生。直到 1964 年 9 月，针对中央音乐学院陈莲同学反映的音乐学习及实践缺乏批判的问题，毛泽东才第一次明确提出对待中国传统伦理文化和西方伦理文化要坚持"古为今用，洋为中用"的方针。在这一方针指导下，《智取威虎山》《红嫂》等京剧

---

① 周扬文集：第 2 卷 [M]．北京：人民文学出版社，1985：484－485.
② 中共中央文献研究室．毛泽东文集：第八卷 [M]．北京：人民出版社，1999：82.

现代戏发展、创新，显示中华传统美德现代发展的正面价值。

这一时期世界处于美苏两大阵营对峙期间（1947—1991），西方思想界出现了将共产主义同儒家传统相联系的思潮。如费正清与鲍大可（A. Doak Barnett）于1966年3月在美国对华听证会上共同提出增进与中国的沟通并敦促美国改变其孤立政策。国际学术界的积极看法同费正清的观点相近，指出源于欧洲的马克思主义传入中国，同中华文明及其传统道德之间存在承接关系，强调在诸多方面继承了中国传统道德遗产。国际学术界的积极观点有力表明，我国非常关注中华传统道德对社会主义运动的影响，非常注重社会主义革命和建设对于中华传统美德的自觉传承。

三、以社会主义文化建设引领中华传统美德发展

马克思主义在意识形态领域指导地位的确立，"双百"方针与"两为"方针的确立，在有力激发社会主义文化建设创造活力的同时，也有力地推进了中华传统文化及传统美德的发展创新。

继承和发扬中华传统美德以服务社会主义革命和建设的大局为内核，旨在通过继承发展爱国主义、勤俭节约等中华传统美德，激发人们从事社会主义革命和建设的昂扬斗志，为共产主义事业的发展提供了有力的精神支撑。第一，通过发掘和保护传统手工技术，弘扬艰苦奋斗、自立自强等中华传统美德。新中国成立后，党和国家秉持"保护、发展、提高"的指导方针，通过成立手工业管理局、工艺品公司等一系列措施，使传统手工艺重获新生，彰显了对艰苦奋斗、精益求精等中华传统美德的传承和发展，体现了党和国家客观对待中华传统美德的态度和方法。第二，在批判改造传统文艺的过程中，赋予中华传统美德以新的内涵。以戏曲为例，党和国家在保护和扶持传统戏曲的过程中，对其形式和内

容进行了改革，赋予其新的内涵，以更好满足人民群众的需求，使中华传统美德在社会主义革命和建设时期大放异彩。第三，形成了大庆精神、雷锋精神、"两弹一星"精神等社会主义新型文化，彰显了奋发图强、自立自强、开拓创新的传统美德。如形成于 20 世纪 60 年代大庆石油会战的大庆精神，其"爱国、创业、求实、奉献"的内容蕴含着爱国主义、艰苦创业、实事求是、胸怀大局等中华传统美德，既激励着石油工人为事业奋斗，也成为全国人民积极投身社会主义建设伟大实践的精神引领。

此外，党和国家也未放弃对历史文物的保护，使文化遗产保护工作在逆境中仍取得重大进展。随着一系列文物保护政策和措施的落实，文物保护工作取得可喜的成绩，体现了党和国家对中华传统美德传承发展的重视和支持。

总体来看，这一时期对待中华传统美德的态度和方法虽然出现了一定偏差，使中华传统美德的发展受到冲击，但是并未割裂，乃至否定中华传统美德，而是为党和政府，乃至全社会总结经验教训、持续推进中华传统美德现代发展提供了有益经验和丰厚智慧。

第三节　现当代传承发展中华传统美德的完善阶段

党的十一届三中全会，是党和国家以时代发展打破教条主义，以思想解放打破思想藩篱，以中西交流打破文化隔阂的关键时期。现当代传承中华传统美德从和平与发展的角度出发，逐步推进中华传统美德的现代发展走向深入，形成了批判继承、综合创新的科学态度，使中华传统美德同中国特色社会主义伦理建设和社会主义现代化建设深度融合。

一、弘扬与创新的时代要求

马克思、恩格斯曾指出，任何划时代的理论"都是以本国过去的整个发展为基础的，是以阶级关系的历史形式及其政治的、道德的、哲学的以及其他的后果为基础的"①。这一时期推进社会主义现代化建设、中国特色社会主义文化建设同中华优秀传统文化及其美德是密切相关的，继承和发扬中华传统美德形成的传统美德观"是在和平与发展成为时代主题的历史条件下，在我国改革开放和社会主义现代化建设的实践过程中，在总结我国社会主义胜利和挫折的历史经验并借鉴其他国家社会主义兴衰成败历史经验的基础上，逐步形成和发展起来的"②，是在推进社会主义道德建设和把握道德发展规律基础上的产物。

自 20 世纪下半叶特别是 20 世纪 70 年代开始，美苏关系缓和，世界多极化的趋势进一步加强，国际力量对比朝着和平发展的方向发展，和平与发展成为时代主题。"现在世界上真正大的问题，带全球性的战略问题，一个是和平问题，一个是经济问题或者说发展问题。"③ 重视发展成为世界各国政策的主要取向，经济优先成为时代潮流。针对我国在社会主义建设时期形成的高度集中统一的计划经济体制，党和国家深刻总结其中的经验教训，立足中国国情，大胆突破既有模式，实行改革开放，成功开辟和推进了中国特色社会主义道路。此外，国内外社会主义的曲折发展，坚定了走社会主义现代化道路的信心。可见，时代主题的变化、改革开放的社会实践及国内外社会主义的局势等因素共同促使党和国家开辟和推进中国特色社会主义，提出在社会主义现代化建设过程中处理

---

① 马克思恩格斯全集：第三卷 [M]．北京：人民出版社，1960：544．
② 江泽民文选：第二卷 [M]．北京：人民出版社，2006：221．
③ 邓小平文选：第三卷 [M]．北京：人民出版社，1993：105．

好理论与实践、国内与国外、传统与现代等关系的内在要求，其中如何对待中华传统美德成为中国特色社会主义文化建设的重要议题。

在社会主义现代化建设中，对待中华传统文化及其美德一方面要逐步摆脱历史上批判过激的藩篱，进入较深层次的批判继承、综合创新；另一方面，随着中西文化交流摒弃分裂与对立，走向沟通与融合。党和国家明确提出在中国特色社会主义建设进程中，要积极传承中华优秀传统文化，借鉴吸收世界各国的优秀文明。党的十二届六中全会明确提出"中国文明的复兴"，强调"这个复兴，不但将创造出高度发达的物质文明，而且将创造出以马克思主义为指导的，批判继承历史传统而又充分体现时代精神的，立足本国又面向世界的"社会主义精神文明①。此次全会上还提出了"社会主义道德建设""五爱""先进性同广泛性结合"等道德建设新要求。在之后《中共中央关于加强社会主义精神文明建设若干重要问题的决议》中，系统剖析了社会主义道德的核心、原则、规范和重要建设领域，建构起了社会主义道德体系。党的十五大报告明确指出思想道德建设既要注重先进性，也要关注广泛性及广大人民的接受程度，其中一个重要突破就是彰显"个体美德"色彩。"个体美德"在2000年以后成为社会主义道德建设的一个重要问题而被深入讨论，2001年9月20日由中共中央印发《新时代公民道德建设实施纲要》及党的十七大报告等都非常注重"个体美德"，强调加强个人品德建设，并提出相应的认知要求和实践方案。此外，还指出文化"在综合国力竞争中的地位和作用越来越突出"②，并逐步提出传承中华优秀传统美德同中国特色社会主义建设的内在要求，推进以德治国和依法治国相结合，深化中华传统美德同社会主义精神文明建设的沟通与融合。

---

① 中共中央关于社会主义精神文明建设指导方针的决议 [N]. 人民日报，1986－09－29.
② 江泽民文选：第二卷 [M]. 北京：人民出版社，2006：558.

二、中华传统美德的现代发展路径

改革开放以来，党和国家立足新的国情，注重对中华传统美德思想及其实践的批判回顾、反思、总结和创新发展，聚焦"建设社会主义现代化如何对待中华传统文化"这一根本性问题，拓宽了中华传统美德现代发展的论域。

回顾现当代传承中华传统美德的历程，始终秉持马克思主义基本原理。为了在新的历史条件下坚持马克思主义，反对资产阶级自由化思潮及其精神污染，推进社会主义文化建设，在思想文化领域批判、继承和发扬中华传统文化成为改革开放初期思想文化建设的主要任务。1979年，邓小平在第四次文代会上指出社会主义现代化建设在推进物质文明和精神文明协调发展的过程中，要肯定和重视中华传统文化的地位和功能，强调"我国古代的和外国的文艺作品、表演艺术中一切进步的和优秀的东西，都应当借鉴和学习""坚持百花齐放、推陈出新、洋为中用、古为今用的方针"[1]。进一步，他还指出"划清文化遗产中民主性精华同封建糟粕的界限，实事求是地肯定应当肯定的东西，否定应当否定的东西"，"肃清封建主义的残余"[2]。一方面，邓小平在肯定中华传统文化优秀成果的基础上，强调要肃清中华传统文化存在的封建主义残余，划清社会主义与封建主义、民主性精华与封建性糟粕"两对界限"。另一方面，在延续"双百"方针、"二为"方针的基础上，主张传承发扬优秀传统文化要秉持"钻研、吸收、融化和发展"[3]的原则，实现优秀传统文化的现代发展，并使之成为社会主义精神文明建设的重要内容。因此，这一阶段中

---

① 中共中央文献研究室. 三中全会以来重要文献选编［M］. 北京：中央文献出版社，2011：131－133.
② 邓小平文选：第二卷［M］. 北京：人民出版社，1994：210.
③ 同②，第212页。

华优秀传统文化及其美德在改革开放和社会主义现代化进程中被重新定位，形成了"有中国特色"的发展空间。

站在千年更替、世纪之交的历史高度，面对世界多极化不断推进、经济全球化进程加速、科学技术迅猛发展的时代潮流，从我国改革开放和社会主义现代化建设的全局出发，党和国家强调继承和发扬中华优秀传统文化的价值和功能，要推崇中华优秀传统文化之于中华特色社会主义建设的价值和功能，彰显中华民族道德传统的时代精神和创造精神。一是注重阐释中华优秀传统文化对弘扬中华民族精神、建设中国特色社会主义的积极意义。江泽民指出，"悠久的中华文化，成为维系民族团结和国家统一的牢固纽带。团结统一，深深印在中国人的民族意识中。中国历史上虽然曾出现过暂时的分裂现象，但是民族团结和国家统一始终是中华民族历史的主流，是中国发展进步的重要保障""中国人独立自主的民族精神具有坚不可摧的力量"①。二是主张在传承中华优秀传统文化时，批判继承人类社会一切先进的伦理文明成果。在江泽民看来，社会主义文化建设既要继承和发扬中华民族的优秀文化传统，也要借鉴世界各国优秀文化成果。他号召领导干部要认真学习历史，总结其中的经验教训，并强调"希腊、小亚细亚以及整个中东地区，在人类文明的历史进程中具有重要地位，在人类古代文明的发展中起到了重要作用。……古希腊形成的哲学、科学、政治、法律、艺术、军事思想，对西方文明产生了深远的影响"②。三是强调传承中华优秀传统文化要同借鉴国外优秀成果相结合。1990 年 1 月 10 日，李瑞环在全国文化艺术工作情况交流座谈会上总结过去对待中华传统文化的政策和经验，阐释了传承中华传统文化中的突出问题及解决之道，强调要"大力弘扬辉煌的中华民族文

---

① 江泽民文选：第二卷 [M]. 北京：人民出版社，2006：60 – 61.
② 江泽民文选：第三卷 [M]. 北京：人民出版社，2006：11.

化"①。同年，江泽民进一步强调，"社会主义现代化建设，需要继承和发扬中华民族优秀文化传统"②，也要吸收借鉴世界各国人民创造的优秀文明成果。显示出传承中华传统美德的丰厚内涵和理论视野在世纪之交进一步拓展深化。

党和国家在新世纪新阶段，结合我国经济社会发展新情况，进一步强化传承中华优秀传统文化的自觉性和使命感。一是明确承扬中华优秀传统文化同弘扬民族精神和时代精神的内在关联。胡锦涛认为，一个民族的精神特质集中展现了一个民族的优秀传统文化。"五千多年来，中华民族历经磨难却始终自强不息，为人类文明进步作出了不可磨灭的贡献。"③ 我们是中华文明的继承者、弘扬者和培育者，积极深化中华优秀传统文化同中华民族精神的内在逻辑，大力推进中华优秀传统文化同改革开放和社会主义现代化建设的结合，形成了以爱国主义为核心的民族精神和以改革创新为核心的时代精神，为中华民族提供了充沛的前行动力。二是把继承和发展中华优秀传统文化同建设中国特色社会主义文化紧密联系。胡锦涛指出，"坚持中国特色社会主义发展道路，必须继承和发扬中华优秀文化传统"④，并借鉴吸收各国优秀文明成果，积极推进中国特色社会主义文化大发展大繁荣。三是提出传承中华优秀传统文化同社会科学发展相结合的内在要求。党和国家立足新阶段国情，坚持以人为本，推进社会和谐发展，构建社会主义核心价值体系，汲取中华传统政治智慧，借鉴中国古代处理身与心、人与人、人与集体、人与自然等关系的经验，生动诠释了中华优秀传统文化的价值。

结合历史进程，这一时期对包含中华传统美德在内的中华优秀传统文化以反思传承为主，以中国特色社会主义文化建设为价值目标，以社

① 十三大以来重要文献选编：中 [M]. 北京：中央文献出版社，2011：271.
② 江泽民文选：第一卷 [M]. 北京：人民出版社，2006：124.
③ 十六大以来重要文献选编：中 [M]. 北京：中央文献出版社，2002：989.
④ 胡锦涛文选：第三卷 [M]. 北京：人民出版社，2016：565.

会主义现代化建设为实践指向，"在民族性、世界性、时代性的统一中推动了传统文化的现代化转型和话语建构"①。

三、以中国特色社会主义文化推进中华传统美德的现代发展

"科学发展的理念，是在总结中国现代化建设经验、顺应时代潮流的基础上提出来的，也是在继承中华民族优秀文化传统的基础上提出来的。中华文明是世界古代文明中始终没有中断，连续五千多年发展至今的文明。中华民族在漫长历史发展中形成的独具特色的文化传统，深深影响了古代中国，也深深影响着当代中国。现代中国强调的以人为本、与时俱进、社会和谐、和平发展，既有着中华文明的深厚根基，又体现了时代发展的进步精神。"② 胡锦涛在阐释科学发展观的过程中，肯定了中华优秀传统文化是中国特色社会主义文化建设的根源，彰显了改革开放和社会主义现代化建设时期对传承中华优秀传统文化的肯定和重视。这一时期传承中华传统美德结合改革开放和社会主义现代化建设的新实践，总结传统道德建设经验，立足人类文明的视野，创造性地提出了一系列新命题、新观点和新论断，使中华传统美德的现代发展不断深化。

中国特色社会主义文化，尤其是中国特色社会主义伦理思想内涵丰富，底蕴深厚，涵盖诸多领域，"是一个以社会主义核心价值体系和核心价值观为灵魂，以社会主义道德建设为主体，以全面提升我国公民道德素质、培育'四有新人'为目的追求，具有鲜明的时代性、突出的

---

① 赵信彦，杨慧. 中国共产党传统文化观的百年演进：历程、经验与启示 [J]. 理论导刊，2022（1）：30－36.

② 十六大以来重要文献选编：下 [M]. 北京：中央文献出版社，2006：428.

实践性、强烈的前瞻性以及高度的开放性等特点的伦理思想体系"①。一是明确指出思想认识应符合客观实际，并要求根据道德实践的需要和时代发展的道德要求不断推进道德观念的发展。二是指出社会主义本质上要求消灭贫穷、消除两极分化，实现共同富裕。三是形成了源于中华优秀传统文化和社会主义先进文化及人类优秀文明的社会主义核心价值体系，为多元时代凝聚思想共识指明了方向。四是在秉持群众史观和汲取中国传统民本思想的基础上，形成了以人为本和促进人的全面发展的基本原则，突出了人在道德生活和整个社会生活中的地位和价值。五是逐步推进公民道德建设，追求"有理想、有道德、有文化、有纪律"的社会主义公民道德建设目标，突出了个体美德的地位和价值。六是在党的执政伦理建设中，突出融合中华传统美德精神的思想道德建设。可见，在建设中国特色社会主义伦理思想视域内传承中华传统美德，把传承中华传统美德同社会主义现代化建设的各个领域相结合，将传承中华传统美德从集体领域拓展到个体领域，使传承中华传统美德实现了综合创新。

现当代主要在中国特色社会主义论域内传承和发扬中华传统美德，实现了中华传统美德的现代发展，推进了社会主义精神文明建设，为马克思主义中国化和中国人民精神世界的丰富提供了充沛动能。以中国特色社会主义文化引领中华传统美德现代发展，使中华传统美德同社会主义建设高度契合，实现了理论创新和实践创新。一方面，推进中华传统美德同马克思主义的结合，为中国特色社会主义注入源头活水。"小康社会"的新内涵、"以德治国"的新要求等的提出，便是中华民族传统美德的彰显，是中华民族民族精神的集中体现。可见，正是根据中国特殊国情和历史文化，才成功开创出中国特色社会主义道路，实现马克思主义

---

① 王泽应. 马克思主义伦理思想中国化研究 [M]. 北京：中国社会科学出版社，2017：275－276.

中国化的新飞跃。正如江泽民在回顾和总结党的历史时，第一次明确指出毛泽东思想和邓小平理论"是中国化的马克思主义，既体现了马克思列宁主义的基本原理，又包含了中华民族的优秀思想和中国共产党人的实践经验"①。另一方面，推进了中国特色社会主义文化建设。这一时期传承中华传统美德始终将其同中国特色社会主义文化体系建设相关联，始终结合新的道德实践，赋予其新的时代内涵，不仅使中国特色社会主义文化体系具有中国特色、中国风格、中国气派，而且成功推进了中华传统美德的现代发展进程。

第四节　现当代传承发展中华传统美德的深化阶段

党的十八大以来，以习近平同志为核心的党中央带领全党全国各族人民步入中国特色社会主义新时代，标志着中国特色社会主义伟大事业进入了新的发展阶段。在新时代如何对待中华传统美德的问题上，党和国家依据新时代的历史方位和使命任务，结合社会主要矛盾变化及时代发展新要求，注重中华传统美德的挖掘、阐释与转化发展，以中华传统美德滋养习近平新时代中国特色社会主义思想、增强全面建成社会主义现代化强国的实践伟力。

一、新时代传承中华传统美德的价值判断

中国特色社会主义进入新时代，是长期以来，尤其是党的十八大以来我们党领导全国各族人民奋斗的结果，是我们党准确把握时代形势和

① 江泽民文选：第二卷［M］. 北京：人民出版社，2006：270.

实践发展变化做出的重大判断。新时代是坚持和发展中国特色社会主义的社会主义新阶段，是对社会主要矛盾、党的主要任务及中国和世界关系发生新变化的反映，是中国特色社会主义事业不断开拓的时代。进入新时代，党和国家科学回答了改革发展稳定中的一系列重大理论和实践问题，取得重大理论创新成果、历史性成就，发生历史性变革，"在党史、新中国史、改革开放史、中华民族发展史上具有里程碑意义"①。其中，在新时代如何继承和发扬中华传统美德，是坚持和发展中国特色社会主义、推进中国式现代化的一个重要理论和实践问题，而党和国家结合新的道德实践和道德建设经验，不断深化对道德规律的认识，有力地推进了中华传统美德的现代发展，成为中国特色社会主义文化建设的源头活水。

"如果没有中华五千年文明，哪里有什么中国特色？如果不是中国特色，哪有我们今天这么成功的中国特色社会主义道路？"② 中华传统美德作为中华文明的精髓，蕴含天人合一、人心和善、和而不同、知行合一等中华传统美德，涵盖个体、家庭、社会、职业等多个领域，是新时代中国特色社会主义的精神源泉和道德支撑。中国革命建设改革的实践证明，正确对待并弘扬中华传统美德不仅是一个重要的理论和实践问题，而且是关乎坚持和发展中国特色社会主义、推进马克思主义中国化、时代化的成败。可见，处于新时代，党和国家非常重视继承和发扬中华传统美德，高度肯定中华传统美德的时代价值，深入回答了"新时代如何对待中华传统美德"的时代课题，极大拓展了中华传统美德观的意义空间。

党的十八大以来，党和国家高度重视蕴含中华传统美德的中华优秀传统文化，对中华传统美德的丰厚内涵予以提炼概括和系统阐释。中国传统文化大致经历了"从先秦子学、两汉经学、魏晋玄学，到隋唐佛学、

---

① 习近平著作选读：第一卷［M］. 北京：人民出版社，2023：13
② 习近平谈治国理政：第四卷［M］. 北京：外文出版社，2022：315.

儒释道合流、宋明理学"① 等阶段，形成了包含"哲学思想、人文精神、教化思想、道德理念"② 在内的珍贵文化遗产，彰显了中华民族独特的精神标识。可见，新时代党和国家深刻把握中华传统美德的丰厚内涵、逻辑架构及思想体系，彰显了中华传统美德的时代价值及其对文化自信的道德支撑作用。在此基础上，以创造性转化和创新性发展的原则激活中华传统美德的现代生命力，就是在继承和发扬中华传统美德的过程中，结合时代条件和实践经验赋予其新的内涵，汲取各国优秀文明成果，推进中华文明的新发展。总之，新时代党和国家丰富和创新了中华传统美德观的史料体系、话语体系、理论体系，实现了传承发展中华传统美德的升华和完善。

二、创造性转化和创新性发展的基本原则

在如何对待中华优秀传统文化的理论探索和道德实践中，形成了坚持"古为今用，洋为中用""批判继承，推陈出新"等基本原则，为新时代正确对待中华优秀传统美德提供了宝贵的经验教训，奠定了理论根基。在此基础上，习近平总书记曾指出，弘扬中华优秀传统文化，要处理好继承和创造性发展的关系，重点做好创造性转化和创新性发展。创造性转化，就是要按照时代特点和要求，对那些至今仍有借鉴价值的内涵和陈旧的表现形式加以改造，赋予其新的时代内涵和现代表达形式，激活其生命力。创新性发展，就是要按照时代的新进步新进展，对中华优秀传统文化的内涵加以补充、拓展、完善，增强其影响力和感召力。③ 创造

---

① 习近平. 在哲学社会科学工作座谈会上的讲话 [M]. 北京：人民出版社，2016：4.
② 习近平. 在纪念孔子诞辰 2565 周年国际学术研讨会暨国际儒学联合会第五届会员大会开幕会上的讲话 [M]. 北京：人民出版社，2014：5 - 6.
③ 中共中央宣传部. 习近平总书记系列重要讲话读本 [M]. 北京：学习出版社，人民出版社，2014：101.

性转化和创新性发展不是全盘西化或文化复古，而是在坚持古为今用、洋为中用、批判继承、推陈出新的过程中，赋予至今仍有借鉴意义的传统道德以新的时代内涵和现代表现形式，并对其内涵予以补充、拓展和完善。

在 1942 年 5 月召开的延安文艺座谈会上，毛泽东从文化之"源"和"流"的角度阐明了"古为今用，洋为中用"的思想。其中"古为今用"指弘扬古代的精粹，为今天所用；"洋为中用"指批判地吸收外国文化中一切有益的东西，为我所用。"继承中国过去的思想和接受外来思想，并不意味着无条件地照搬，而必须根据具体条件加以采用，使之适合中国的实际。我们的态度是批判地接受我们自己的历史遗产和外国的思想。我们既反对盲目接受任何思想也反对盲目抵制任何思想。我们中国人必须用我们自己的头脑进行思考，并决定什么东西能在我们自己的土壤里生长起来。"① 可见，以"古为今用，洋为中用""批判继承，推陈出新"等原则处理传统与现代、中华民族与其他民族之间的关系就要把继承传统文化和借鉴国外文化结合在中国特色社会主义文化建设之中，积极回应"普世价值""利己主义"等西方道德观念的冲击，避免厚古薄今或厚今薄古。习近平总书记非常注重对中华优秀传统文化的传承发展，注重把握中华优秀传统文化的发展规律，在推进马克思主义中国化时代化、坚持和发展新时代中国特色社会主义的进程中不断深化中华优秀传统文化同马克思主义和中国具体实践的内在沟通机制。如人与自然和谐共生这一习近平新时代中国特色社会主义思想的重要观点，正是习近平总书记立足新时代社会发展的具体国情，坚持马克思主义关于人与自然辩证统一的原则，汲取天人合一、万物并育等中华传统美德而形成的。

实现中华传统美德的创造性转化和创新性发展，推进新时代道德建设，既要坚持马克思主义基本原理，也要结合中国特色社会主义具体国情。中华传统美德内涵丰富、源远流长，是中华优秀传统文化和中华文

---

① 中共中央文献研究室. 毛泽东文集：第三卷 [M]. 北京：人民出版社，1996：192.

明的价值内核和智慧结晶，同社会主义核心价值观主张具有高度契合性。"我们必须坚定历史自信、文化自信，坚持古为今用、推陈出新……不断赋予科学理论以鲜明的中国特色，不断夯实马克思主义中国化时代化的历史基础和群众基础，让马克思主义在中国牢牢扎根。"① 中华传统美德蕴含天下为公、为政以德、革故鼎新、自强不息、亲仁善邻等德目，同社会主义致力于实现共同富裕、人的自由全面发展高度一致。这就决定了实现中华传统美德的创造性转化和创新性发展要坚持马克思主义，坚守中华文化立场，处理好尊重传统与反省传统、继承弘扬与转化创新的关系，结合社会主义核心价值观的培育和弘扬，从而为马克思主义中国化时代化、中国特色社会主义开拓创新强基固本。

三、新时代传承中华传统美德的实践成就

党的十八大以来，党和国家非常重视道德建设问题，认为道德是社会关系的基石与人际和谐的基础，强调应始终将弘扬中华民族传统美德、加强社会主义思想道德建设作为极其重要的战略任务来抓，引导人们向往和追求讲道德、尊道德、守道德的生活。2013 年 12 月，习近平总书记在视察山东时特别强调道德建设的重要地位和功能，他指出："国无德不兴，人无德不立。必须加强全社会的思想道德建设，激发人们形成善良的道德意愿、道德情感，培育正确的道德判断和道德责任，提高道德实践能力，尤其是自觉践行能力，引导人们向往和追求讲道德、尊道德、守道德的生活，形成向上的力量、向善的力量。"② 2014 年 2 月 14 日，习近平总书记在第十八届中央政治局第十三次集体学习时指出："博大精深

---

① 习近平著作选读：第 1 卷 [M]．北京：人民出版社，2023：15.
② 中共中央文献研究室．习近平关于实现中华民族伟大复兴的中国梦论述摘编 [M]．北京：中央文献出版社，2013：41.

的中华优秀传统文化是我们在世界文化激荡中站稳脚跟的根基。中华文化源远流长，积淀着中华民族最深沉的精神追求，代表着中华民族独特的精神标识，为中华民族生生不息、发展壮大提供了丰厚滋养。中华传统美德是中华文化精髓，蕴含着丰富的思想道德资源。不忘本来才能开辟未来，善于继承才能更好创新。对历史文化特别是先人传承下来的价值理念和道德规范，要坚持古为今用、推陈出新，有鉴别地加以对待，有扬弃地予以继承，努力用中华民族创造的一切精神财富来以文化人、以文育人。"① 党的十八大至今，针对如何对待并弘扬中华传统美德，习近平总书记提出了一系列新观点、新判断和新思想，为传承发展中华传统美德规定了方向、原则及价值导向。

党和国家在如何对待和弘扬中华传统美德的问题上，秉持创造性转化和创新性发展的原则，将中华传统美德同坚持和发展中国特色社会主义紧密结合。一是用理想信念凝聚人心，传承和发扬中华传统美德始终是理想追求。将共产主义远大理想、中国特色社会主义共同理想与以修齐治平、大同社会为理想的中华民族传统美德相结合，提出国家富强、民族振兴、人民幸福的中国梦。二是培育和践行社会主义核心价值观，始终是中国共产党继承和发扬中华传统美德的精神追求。"核心价值观，其实就是一种德，既是个人的德，也是一种大德，就是国家的德、社会的德。"② 可见，党和国家非常重视中华传统美德的时代价值，注重挖掘讲仁爱、重民本、守诚信、崇正义、尚和合、求大同等传统德目的丰厚内涵，使其成为社会主义核心价值观的重要源泉和有机构成。三是把讲道德、尊道德、守道德同中华传统美德有机结合，使其成为引导人们追求高尚道德理想的认知基础和实践根基。党的十八大以来，习近平总书

---

① 习近平谈治国理政：第一卷 [M]. 北京：外文出版社，2014：164.
② 中共中央文献研究室. 习近平关于社会主义文化建设论述摘编 [M]. 北京：中央文献出版社，2017：112.

记在多个场合强调把弘扬中华民族传统美德、加强社会主义思想道德建设作为战略任务来抓，系统阐释中华传统美德关于社会公德、职业道德、家庭美德、个人品德的内容，使其为坚持和建设新时代中国特色社会主义、全面建成社会主义现代化强国提供有力的道德支撑。四是推崇道德在治国理政中的价值和功效。中华传统美德作为中华优秀传统文化的精髓，蕴含天下为公、民为邦本、礼法并施等许多值得我们批判继承的合理因素，对新时代的道德建设具有支撑引领、规范化育的价值和功能。此外，针对近年来一些历史虚无主义者否定中华优秀传统文化的价值，要求借鉴西方所谓普世价值观的观点，新时代高度肯定中华传统美德化育中华民族精神、支撑中华民族生生不息的价值，强调道德建设要认真汲取中华优秀传统文化的思想精髓和合理要素，为新时代的文化建设和道德建设工作打下基础。

第三章　现当代传承发展
中华传统美德的规范体系

现当代中华民族在道德建设领域始终立足中国道德生活的实际，推进马克思主义道德观和中国传统道德的深度融合，积极发挥中华传统美德的时代价值，形成了包括中国革命道德、社会主义道德和共产主义道德在内的共产主义道德规范体系。因此，传承发展中华传统美德既是当前开展创新道德理论和推进道德实践的客观要求，也是弘扬中国革命道德、推进社会主义道德和共产主义道德建设的应有之义，还是弘扬社会主义核心价值观、推进新时代公民道德建设的客观需要。

第一节　中国革命道德与中华传统美德

　　中国革命道德，是指"中国共产党人、人民军队、一切先进分子和人民群众在中国新民主主义革命和社会主义革命与建设中所形成的优良道德"①，是马克思主义同中国革命建设改革、中华传统美德现代发展相结合的产物，是坚持和发展新时代中国特色社会主义、全面建成社会主

---

① 罗国杰. 论"五四"以来的中国革命道德［J］. 高校理论战线，2000（1）：28－33.

义现代化强国的宝贵财富。它"以实现社会主义和共产主义的崇高理想为目标，以全心全意为人民服务为核心，以集体主义为原则，高举爱国主义与国际主义相结合的旗帜，形成无私奉献、顽强拼搏、艰苦奋斗、勤俭节约等革命精神"①，是在传承中华传统美德的基础上生成的新型道德，显示中华民族的独特魅力。

一、中华传统美德是中国革命道德生成的历史前提

中国革命道德属于共产主义道德范畴，是马克思主义基本原理同中国具体实际相结合的产物，是具有中华民族特质的新型道德。正如毛泽东所说，没有抽象的马克思主义，只有具体的马克思主义。其中，具体的马克思主义就是富有民族形式的马克思主义，是能够应用到中国具体环境的具体斗争中去的马克思主义。作为马克思主义道德观中国化的理论创新成果，中国革命道德起源于五四运动前后，形成于我们党成立后领导的伟大工人运动和农民运动，经过土地革命战争、抗日战争、解放战争和社会主义革命建设改革而不断成熟，逐渐完善并不断发扬光大。从发生学视角来看，它不仅秉持马克思主义道德观基本原理，还传承中国传统道德，尤其是中华传统美德，并结合新的道德实践进行了革命性改造，促进中华传统美德发生转化，成为具有民族性和时代性的新型道德。

中华传统美德是中国传统道德的精华。在阶级社会中，"占统治地位的思想不过是占统治地位的物质关系在观念上的表现，不过是以思想的形式表现出来的占统治地位的物质关系"②。中国古代道德建构于封建地

---

① 罗国杰. 中国革命道德［M］. 北京：中国人民大学出版社，2013：1.
② 中共中央 马克思 恩格斯 列宁 斯大林 著作编译局. 马克思恩格斯选集：第一卷［M］. 北京：人民出版社，2012：178.

主土地私有制、小农经济和纲常伦理的基础之上，它以天命为理论依据，以三纲五常为基本纲领和行为规范，旨在通过帮助地主阶级奴役劳动人民维护地主阶级的根本利益。不过封建纲常伦理在封建社会上升期也发挥过积极作用，其中崇仁爱、重民本、倡人伦、重视道德教育和道德修养、追求理想人格等内容，不仅合乎社会发展规律和人道，而且凝结了中华民族的实践智慧，具有鲜明的民族特性。同地主阶级相对应的农民阶级道德，形成于长期的生产生活之中，强调"等贵贱，均贫富""主公道，讲义气"，集中表现为勤劳、俭约、勇敢、互助等优良道德。受历史条件和地主阶级道德的影响，小农阶级存在保守、缺乏组织性的落后意识及绝对平均主义等消极思想，但它却代表了广大劳动人民的根本利益和需求，同无产阶级道德天然相连。[①] 此外，地主阶级、农民阶级共同生活于一个发展空间，针对共同遇到的问题，形成了一些为社会全体成员共同认可和遵循的道德共识，诸如"先天下之忧而忧，后天下之乐而乐""天下兴亡，匹夫有责"等，展现了不同阶层的人们共同提倡和遵循的民族精神。总之，"中国几千年的文化，主要是封建时代的文化，但并不全是封建主义的东西，有人民的东西，有反封建的东西。要把封建主义的东西和非封建主义的东西区别开来"[②]。质言之，中国古代道德传统中精华与糟粕并存，我们要进行具体历史的分析，结合新的历史条件将优良道德即中华传统美德发扬光大。

道德是对社会发展规律和人性发展的认识，其发展呈现出由低级到高级的演变过程，呈现出前后连贯、互相蕴含、更新发展的特质。"历史不外是各个世代的依次交替。事物是不断发展的，新事物都脱胎于旧事物，这就表明道德发展具有历史连续性。究其根本，一是道德是反映特

---

① 乔法容. 中国革命道德：马克思主义中国化的重要理论成果 [J]. 伦理学研究，2012（6）：8-13.

② 中共中央文献研究室. 毛泽东文集：第八卷 [M]. 北京：人民出版社，1996：225.

定社会经济关系的意识形态和上层建筑，会随着生产力和社会经济关系的变革而变化，因而随着社会形态依次发展的道德，具有历史继承性。二是道德具有相对独立性。形成于特定历史时期的道德规范、道德品质和评价标准，不会随着社会形态的变革立刻转变，而是以传统习俗和观念的形式发挥影响并长期存在，如仁义礼智信等道德规范在现当代社会仍旧发挥调节社会伦理关系、培育理想人格的作用，这就要对其重新审视，以实现其创造性转化和创新性发展。三是不同时期不同阶层的道德具有一定的普适性，诸如不说谎、不偷盗、立德修身、睦邻友好等传统美德，就是古今共同的道德期许。因此，中国革命道德正是以马克思主义为指导，以中华传统美德为文化根基，并结合新的道德实践予以创新发展的理论创新成果。

二、中国革命道德是传承中华传统美德的新型道德

中国革命道德的生成同中华传统美德密不可分，它在继承中华传统美德的基础上，结合新的道德实践对其进行革命性改造，使其成为我们党开展革命建设改革的动力源泉。"我们共产党才是最有道德者，他批判地继承了、发扬了中国传统道德的优良方面，而抛弃那些为剥削阶级利用的狭隘、欺骗、残酷、软弱的东西。……在这点上，中国共产党恰恰把中国历来尊重的忠孝节义信廉仁勇的好的方面，发扬到空前未有的地步，现在如此，将来更要如此。"[①] 中国革命道德正是我们党传承发展中华传统美德的理论创新成果，富有鲜明的民族特色。

以实现社会主义和共产主义的崇高理想为目标的革命道德，体现了追求崇高理想的中华传统美德。"十月革命一声炮响，给我们送来了马克

---

① 谢觉哉文集 [M]. 北京：人民出版社，1989：326.

思列宁主义"①，唯物史观为中国的先进分子所接受，成为道德领域开展革命性变革的思想武器，即推翻旧道德，建设新道德。党的一大指出，"党采用苏维埃的形式，把工农劳动者和士兵组织起来，宣传共产主义，承认社会革命为我党的首要政策"②。党的二大将实现共产主义作为党的最高纲领，确立共产主义远大理想为革命运动最终的目标。

毛泽东、周恩来、刘少奇等人也在结合马克思主义世界观和人生观的基础上提出革命的人生观和理想观，主张人们"要有确定的马列主义的世界观和革命的人生观"③。这样的人生观以全心全意为人民服务的思想为基础，认为树立革命人生观的人要在社会实践中改造自己的思想，并生成"憎爱分明的阶级立场，言行一致的革命精神，公而忘私的共产主义风格，奋不顾身的无产阶级斗志"④。此后，一代代中华儿女特别是中国共产党党员便在血与火、苦与泪的火热实践中为实现社会主义和共产主义的崇高理想不懈奋斗，正如习近平所讲"中国共产党之所以叫共产党，就是因为从成立之日起我们党就把共产主义确立为远大理想。我们党之所以能够经受一次次挫折而又一次次奋起，归根到底是因为我们党有远大理想和崇高追求"⑤。可见，崇高的理想信念始终是中国共产党的优秀品格，而这与大同社会、小康社会、圣贤人格等中国传统人生理想高度契合，特别是其中追求理想社会和理想人格的道德精神更是革命道德的价值取向。

以全心全意为人民服务为内核的革命道德，蕴含着传统民本思想。

---

① 毛泽东选集：第四卷［M］.北京：人民出版社，1991：1471.

② 中国社会科学院现代史研究室."一大前后"：中国共产党第一次全国代表大会前后资料选编（一）［M］.北京：人民出版社，1980：9.

③ 周恩来选集：上卷［M］.北京：人民出版社，1980：131.

④ 周恩来选集：下卷［M］.北京：人民出版社，1980：417.

⑤ 习近平.在庆祝中国共产党成立95周年大会上的讲话［N］.人民日报，2016－07－02（03）.

"为什么人的问题，是一个根本的问题，原则的问题。"① 为人民服务是中国共产党的根本宗旨，是始终贯穿革命道德的一根红线。"一切共产党员，一切革命家，一切革命的文艺工作者，都应该学鲁迅的榜样，做无产阶级和人民大众的'牛'，鞠躬尽瘁，死而后已。"② 1945 年，党的七大进一步把"为人民服务"写入党章，使为人民服务成为中国共产党矢志不移的道德信仰，彰显了传统民本思想。此外，诸如周恩来、刘少奇等人也进一步丰富和深化了为人民服务的广度和深度。诚恳老实地为人民服务作为周恩来伦理思想的核心，以尊重人民、信任人民、关心人民为前提，要求全体党员干部要深入人民，相信人民的力量，尊重人民的意见，保护群众的利益，而非脱离群众、害怕群众，因而周恩来号召人们"要诚诚恳恳、老老实实地为人民服务""应该像条牛一样努力奋斗，团结一致，为人民服务而死"③。进一步，周恩来指出为人民服务既要将热爱人民和憎恨敌人相结合，也要将个人利益和集体利益相结合，反对肯定个人利益而忽视集体利益、突出集体利益而忽视个人利益等错误的观点和行为。可见，"为人民服务""团结一致"等革命道德理念具有鲜明的民族特色，蕴含着"民之所欲，天必从之"（《尚书·泰誓上》）、"民为贵，社稷次之，君为轻"（《孟子·尽心章句下》）、"得民心者得天下"（《孟子·离娄上》）等传统民本思想，并使传统民本思想发展为"平民主义""全心全意为人民服务""共同富裕""立党为公，执政为民""以人民为中心"等现当代道德理想和崇高信仰的不竭源泉。

始终把革命利益放在首位的革命道德，蕴含着天下为公、舍生取义等中华传统美德。为革命利益而奋斗是我们党从事革命斗争的根本目的，尤其是在个人利益同革命利益发生冲突时，要坚持"以革命利益为第一

① 毛泽东选集：第三卷 ［M］. 北京：人民出版社，1991：857.
② 毛泽东选集：第三卷 ［M］. 北京：人民出版社，1991：877.
③ 周恩来选集：上卷 ［M］. 北京：人民出版社，1980：241.

生命，以个人利益服从革命利益。"① "为了国家和集体的利益，为了人民大众的利益，一切有革命觉悟的先进分子必要时都应当牺牲自己的利益"②。可见，在新民主主义革命时期和社会主义革命建设时期，道德建设不能孤立地兼顾个人利益和集体利益，"而一定要在服从国家经济领导的条件下讲公私兼顾，就是说，要在符合全国大多数人民的最高的和长远的利益的原则下照顾私人利益"③。正是始终以革命利益为目的，中华儿女的斗志不断被激发，成为具有高度向心力的革命队伍，取得了革命事业一个又一个的成功，而这同重视国家和民族整体利益的传统美德密切相关。中华传统道德中公私之辨的主流就是"公义胜私欲"，强调重视国家利益和民族利益，蕴含着大公无私、天下为公、舍生取义、杀身成仁、见利思义等中华传统美德。诸如西汉贾谊提出的"国而忘家，公而忘私"，便是从国家利益和整体利益出发，蕴含着强烈的奉献意识和爱国精神。

革命道德弘扬无私奉献、顽强拼搏、艰苦奋斗和勤俭节约的革命精神，传承了天下为公、开拓创新、勤劳节俭等中华传统美德。"我们对于广大群众的切实利益问题，群众的生活问题，就一点不能疏忽，一点也不能看轻。" "解决群众的穿衣问题，吃饭问题，住房问题，柴米油盐问题，疾病卫生问题，婚姻问题。总之，一切群众的实际生活问题，都是我们应当注意的问题。"④ 这就显示出革命道德是立足于天下为公、勤劳节俭等中华传统美德基础之上的，是围绕革命实践中人民群众的切身利益问题展开的，要求每个劳动者都要发挥积极性和创造性，养成热爱劳动、注重道德修养等革命品质。在社会主义革命和社会主义建设时期，围绕发展生产力的任务，陶铸指出在社会主义中国，只有通过艰辛努力

---

① 毛泽东选集：第二卷［M］．北京：人民出版社，1991：361.
② 邓小平文选：第二卷［M］．北京：人民出版社，1994：337.
③ 周恩来选集：下卷［M］．北京：人民出版社，1980：82－83.
④ 毛泽东选集：第一卷［M］．北京：人民出版社，1991：136－137.

才能把中国建设为工业国,而"没有劳动便没有社会主义,便没有世界"①。张闻天在道德修养问题上指出,要实现革命理想、夺取新民主主义革命的胜利需要在革命实践中密切联系群众,开展道德修养。在他看来,革命者的道德修养需站在马克思列宁主义的立场上,既要有伟大的胸怀,打破既有的成见、公式、小圈子及一切私人的好恶等限制,也要传承诲人不倦、谦虚谨慎等中华传统美德,还要真诚待人、与人为善、友爱和善,更要以真诚坦白、正大光明的态度引导坏人向善。总之,革命就是为人民服务,革命工作需要广大党员切实为了群众艰苦奋斗、勤俭节约、无私奉献、廉洁自律。"中国的革命是伟大的,但革命以后的路程更长,工作更伟大,更艰苦。这一点现在就要向党内讲明白,务必使同志们保持谦虚、谨慎、不骄、不躁的作风,务必使同志们继续地保持艰苦奋斗的作风。"② 可见,在革命工作中形成的无私奉献、顽强拼搏、艰苦奋斗和勤俭节约等政治品质和革命精神,正是公义胜私欲、以义制利、俭约、创新等传统美德的现代发展。

三、中国革命道德传承中华传统美德的基本规律

中国革命道德的生成和基本内容是在延续中华传统美德的基础上,以马克思主义为指导,结合新的道德实践和时代要求形成和发展的新型道德。它不仅延续了中华传统美德的精神内核,而且推进了中华传统美德的现代发展,使中华传统美德通过创造性转化、创新型发展不断发扬光大。

中华人民共和国成立后,中国共产党自觉传承弘扬富有民族特色的中国革命道德,将其同新的道德实践相结合,使中国革命道德传承弘扬

---

① 陶铸文集 [M]. 北京:人民出版社,1987:112.
② 毛泽东选集:第四卷 [M]. 北京:人民出版社,1991:1438-1439.

的范围不断扩大、内容不断丰富。社会主义革命和建设时期，中国共产党成为执政党，革命道德向社会公众弘扬成为可能，同时新生政权的稳固、经济的恢复发展，也需要用革命道德激励民众，投身建设新中国的伟大事业。1949 年 9 月召开的中国人民政治协商会议提出"爱祖国、爱人民、爱劳动、爱科学、爱护公共财物"的道德建设要求，彰显了爱国主义、为人民服务、集体主义等革命道德的内涵。革命道德不仅是社会建设的需要，还是贯穿新道德建设的内在神韵。"新社会是集体主义的，个人利益要服从集体利益。专做个人打算，计较个人得失的旧思想会妨碍国家建设，妨碍我们自己的发展，也妨碍社会的进步。"① 改革开放后，中国革命道德的发展迎来了新的契机。党的十一届四中全会提出"社会主义精神文明建设"的命题，赋予中国革命道德以新的目标和方向。从改革开放初期的"五讲四美三热爱""社会主义道德建设"到 21 世纪的"公民道德建设""社会主义荣辱观"，本质上正是对中国革命道德的弘扬和发展。尤其是面对社会经济改革不断深入带来的价值观多元化的冲击，党和国家总结社会主义精神文明建设的经验，不断推进中国革命道德深入发展。正如邓小平所讲："我们一定要在全党全国范围内有领导、有计划地大力提倡社会主义道德风尚，热爱社会主义祖国，提高民族自尊心，还要进行坚持社会主义道路、反对资产阶级腐蚀的革命品质教育。"② 正是党积极推进社会主义道德建设，方形成了抗洪精神、抗震救灾精神等革命精神，使中国革命道德更为深入地发展。党的十八大以来，在社会主义道德建设领域采取一系列重大举措，重点把革命道德传统同公民道德建设深度融合，使中国革命道德在新时代伟大征程中不断升华。"以人民为中心""社会主义核心价值观""新时代公民道德建设"等依据新时代历史方位和时代方位提出的道德建设命题，都是中华传统美德在新时

---

① 楚图南文选［M］.北京：中共党史出版社，1993：48.
② 邓小平文选：第二卷［M］.北京：人民出版社，1994：262.

代的创造性转化和创新性发展，形成了脱贫攻坚精神、抗疫精神等革命精神，涌现出钟南山、龚全珍等一大批道德模范，为在新时代公民道德建设和爱国主义教育的开展提供了丰富的思想资源。

此外，伦理思想家们也结合道德建设的中心问题，不断丰富并弘扬革命道德，使其不仅成为马克思主义伦理思想体系的重要构成，而且成为其坚实的理论根基。20 世纪 40 年代，张岱年在依据马克思主义分析道德的实质与特征的基础上，指出为使中国免于亡国灭种且走向独立富强，现代中国确需一种利于民族生存、社会改造及民族振兴的新道德。他进而指出，我们现在所需要的道德，是促进为民族理想而战斗的事业的道德，是进取的、战斗的、牺牲的道德。现在全国人之最重要的责任，即在于忘一己之私利私义，而以全力为民族解放社会改善而奋斗。其中现代新道德包括勉力助人、独立不倚、取与有辨、敢于有为等，彰显重视整体、廉洁、仁爱等中华传统美德的价值。中华人民共和国成立后，周原冰在依据道德反作用于社会存在的马克思主义观点区分保守的道德和革命的道德的基础上，指出革命的或先进的道德是意识对适应社会物质生活条件发展的需要的反映，代表着新的生产力要求和新兴阶级的利益，其出现"就是为了形成一种新的舆论力量，以利于打破旧的舆论的束缚，帮助新的阶级解决社会发展中已经成熟了的任务，因而它一经产生和形成以后就积极地对社会发展起着促进作用"①。

纵观中国革命道德的发展历程，其在传承发展中华传统美德方面具有以下四个方面的历史经验。第一，确立并坚持马克思主义的指导地位。中国革命道德是在马克思主义指导下生成的，是在运用马克思主义伦理思想基本原理解决道德建设突出问题的过程中形成的革命道德理论，划清了同以"天命论"为内核的封建道德和建立在抽象人性论基础上的资本主义道德的界限。它的生成、发展、升华都是马克思主义伦理思想中

---

① 周原冰. 道德问题论集 [M]. 上海：上海人民出版社，1980：115 - 116.

国化、时代化的产物，也就是说，"马克思主义是我们立党立国的根本指导思想。背离或放弃马克思主义，我们党就会失去灵魂、迷失方向"①。第二，始终坚持党的领导。中国革命道德的生成充分证明，没有共产党就没有中国革命道德。党的领导在中国革命道德生成和发展中突出表现在为其确定了共产主义理想这一价值目标。同时，中国共产党是传承发展革命道德的主体，一代代党的领导和共产党员的政治素养和道德品格，为人民群众提供了示范作用。第三，始终坚持以人民为中心。从毛泽东提出"为人民服务"到习近平提出"以人民为中心"，中国共产党始终把人民放在心中，把人民的根本利益和发展需要作为革命建设改革的追求，正如习近平总书记所讲："老百姓是天，老百姓是地。忘记了人民，脱离了人民，我们就会成为无源之水，无本之木，就会一事无成。"② 第四，切实遵循道德自身的发展规律。道德发展规律主要包括道德随社会的发展而发展、道德发展的道路曲折、道德发展在批判中继承等内容。中国革命道德不仅随着时代中心问题的变化而发展，在曲折中不断向前，而且实现了对中华传统美德的创造性转化和创新性发展，为中华传统美德传承发展提供了新的经验，奠定了社会主义道德建设和共产主义道德建设的坚实基础。

第二节　社会主义道德与中华传统美德

社会主义道德由无产阶级道德、革命道德传统发展而来，在社会主

---

① 习近平谈治国理政：第二卷 [M]. 北京：外文出版社，2017：33.
② 中共中央宣传部. 习近平新时代中国特色社会主义思想三十讲 [M]. 北京：学习出版社，2018：88.

义社会占主导和支配地位，是向未来共产主义道德发展的先进道德，本质上属于共产主义道德体系。它建立在以社会主义公有制为内核的经济基础之上，建构于无产阶级道德和革命道德的基础之上，是以马克思主义道德观为指导，以为人民服务为核心，以"五爱"为基本要求，以社会主义核心价值观为引领，代表广大人民群众根本利益和长远利益的先进道德体系。

一、中华传统美德是社会主义道德的根脉

马克思主义认为，道德由物质生活的生产方式决定，"人们自觉地或不自觉地，归根到底总是从他们阶级地位所依据的实际关系中——从他们进行生产和交换的经济关系中，获得自己的伦理观念"①。道德同其他社会意识形态一样，迄今为止先后经历了奴隶社会的道德、封建社会的道德、资本主义社会的道德、社会主义社会的道德。人类道德发展的历程和社会生产方式的发展大体一致，且沿着曲折的道路不断向前。质言之，在某一特定时期道德可能存在停滞或倒退，但整体上是前进的、上升的。中华传统美德作为中华民族特有的伦理观念，正是对中国传统社会的生产方式、生活方式及生存境遇和交往文化的升华和发展。社会主义道德则是人类道德发展的必然产物，是对人类道德传统，尤其是中华传统美德的传承发展。可见，中华传统美德是社会主义道德的基础和前提，是社会主义道德的根脉。

中华传统美德是中华优秀传统文化的精髓，是社会主义道德的基因与根源。"中华民族是有悠久历史和悠久文化的伟大民族。我们的文化建设不能割断历史。对民族传统文化要取其精华、去其糟粕，并结合时代

---

① 中共中央 马克思 恩格斯 列宁 斯大林 著作编译局. 马克思恩格斯文集：第九卷 [M].
北京：人民出版社，2009：99.

的特点加以发展，推陈出新，使它不断发扬光大。……只有深深植根于中国大地和依靠人民的力量，面向现代化，面向世界，面向未来，才能创造出无愧于伟大时代的社会主义文化。"① 中华传统美德是民族传统文化的精华，社会主义道德建设唯有从中汲取营养，才能不断发展。其原因在于"中华优秀传统文化蕴含着丰富的道德理念和规范，如天下兴亡、匹夫有责的担当意识，精忠报国、振兴中华的爱国情怀，崇德向善、见贤思齐的社会风尚，孝悌忠信、礼义廉耻的荣辱观念，体现着评判是非曲直的价值标准，潜移默化地影响着中国人的行为方式。传承发展中华优秀传统文化，就要大力弘扬自强不息、敬业乐群、扶危济困、见义勇为、孝老爱亲等中华传统美德"②。这里便将传统孝德、仁德、义德及宋代"八德"等内容提炼总结，结合当代社会道德楷模传承中华传统美德的道德实践，充分证明了中华传统美德作为社会主义道德基因与根源的作用和价值。具体而言，社会主义道德以社会主义公有制经济为基础，以为人民服务为内核，既承认多劳多得、少劳少得、不劳动者不得的道德规范，主张尊重和保障人们物质利益，也鼓励人们发扬集体主义精神，发扬顾全大局、诚实守信、团结互助和扶贫济困的社会主义精神。其中主张尊重和保障人们物质利益的内容体现了传统富民、惠民的美德，集体主义精神体现了重视国家和民族利益的传统美德，社会主义精神则彰显了诚信、仁爱、睦邻友好等中华传统美德。实践证明，社会主义道德建设中形成的雷锋精神、焦裕禄精神、抗洪精神、航天精神等道德精神，形成的"五爱四美三讲""社会主义荣辱观""社会主义核心价值观"等社会主义道德建设的成果，正是传承发展中华传统美德的生动体现。

---

① 十三大以来重要文献选编：下 [M]. 北京：人民出版社，1993：1645.
② 中共中央办公厅　国务院办公厅印发《关于实施中华优秀传统文化传承发展工程的意见》[Z/OL]. （2017 - 01 - 25）[2024 - 04 - 15]. http：//www. gov. cn/zhengce/2017 - 01/25/Content_51634.

二、社会主义道德规范与中华传统美德

社会主义道德是社会主义经济制度和政治制度在道德上的反映，本质上为人民服务的精神和集体主义原则的具体化，集中体现在社会主义制度下形成的个人利益和集体利益辩证统一的社会主义道德规范上。社会主义道德规范是社会主义道德本质和原则的具体化，是中华传统美德价值理念的体现，是调节社会主义道德关系的基本行为准则和评价标准。中国共产党领导中国人民建立了社会主义基本经济制度及与之相应的分配制度，建立了人民代表大会的根本政治制度，形成了平等、团结、互助、友爱的社会伦理关系。这些反映在道德领域要求贯彻社会主义集体主义原则，形成贯彻这一原则的社会主义道德规范体系，因而具有社会主义性质的道德规范体系在社会主义初级阶段是占据主导地位的道德规范。

2019 年，中共中央、国务院颁布的《新时代公民道德建设实施纲要》指出，要坚持马克思主义道德观、社会主义道德观，倡导共产主义道德，以为人民服务为核心，以爱祖国、爱人民、爱劳动、爱科学、爱社会主义为基本要求，始终保持公民道德建设的社会主义方向。这里的"五爱"便是社会主义初级阶段道德规范的基本要求，它既是社会主义道德原则在社会主义初级阶段的具体化，也是中国革命道德在新时期的发展，更是中国共产党传承中华传统美德的集中体现。在这里，中国共产党在全社会贯彻和弘扬的"五爱"，生动展现了重视整体利益、民本思想、勤俭节约、求真务实等中华传统美德的时代价值。

第一，爱祖国与爱国主义。列宁指出，"爱国主义是由于千百年来各自的祖国彼此隔离而形成的一种极其深厚的感情"①。作为社会主义道德

---

① 列宁选集：第三卷［M］．北京：人民出版社，2012：579－580．

规范的爱祖国，是对社会主义国家的公民同祖国之间的关系的反映，要求人们热爱祖国、建设祖国、保卫祖国，坚持爱国与爱党、爱社会主义相统一。爱国主义不仅是马克思主义的重要范畴，而且是中华民族最重要的精神财富和优良道德传统。"先天下之忧而忧，后天下之乐而乐""天下兴亡，匹夫有责""人生自古谁无死，留取丹心照汗青"等传统美德正是几千年来中国人民创造中华文明、维护国家统一的精神驱动和价值指向，也就是说"爱国主义始终是把中华民族坚强团结在一起的精神力量。"① 第二，爱人民与民本思想。社会主义道德要求人们在处理同人民的关系时，全心全意为人民服务，保障人民的民主权利，关心人们的物质利益和文化利益，并同一切危害人民利益的思想和行为进行坚决的斗争。可见，爱人民深刻彰显了传统民本思想的人道精神。传统民本思想蕴涵丰富，包含利民、安民、惠民、富民等诸多符合人们根本利益和需要的品格，形成了深厚的人道传统，为爱人民的形成和落实奠定了坚实的精神根基和道德传统。第三，爱劳动与勤俭节约。勤俭节约作为中华传统美德，蕴含着自强不息、开拓创新、知行合一等美德，同作为社会主义道德规范的爱劳动根本上是一致的。爱劳动作为社会主义美德，汲取了中华传统劳动美德的精华，具有丰厚的内涵：一是明确劳动光荣、诚实劳动的道德责任感，摒弃传统社会轻视体力劳动的糟粕；二是强调劳动素质和技能的重要地位，摒弃传统轻视技术发展的糟粕；三是推崇精益求精、开拓创新的中华传统美德。第四，爱科学与求真务实。恩格斯指出："在马克思看来，科学是一种在历史上起推动作用的、革命的力量。"② 爱科学作为社会主义道德规范，以马克思主义为指导，要求人们热爱科学、学习科学、发展科学，用科学为祖国现代化建设服务，表现为具有为民的情怀和坚定的科学信仰、科学的思维方法和能力、扎实的

---

① 习近平谈治国理政：第一卷 ［M］. 北京：外文出版社，2018：40.
② 马克思恩格斯文集：第三卷 ［M］. 北京：人民出版社，2009：602.

知识基础、开拓创新的勇气等道德品质。中华传统文化包含诸多务实的美德，如民本思想、朴素辩证法、格物致知、开拓进取等。第五，爱社会主义与中国梦。社会主义，尤其是中国特色社会主义是科学社会主义理论逻辑和中国社会发展历史逻辑的辩证统一，爱社会主义是中国社会发展的必然要求。爱社会主义以爱社会主义制度为核心，要求积极投身社会主义现代化强国建设，并同一切危害社会主义事业的行为做斗争。我国的社会主义既坚持了科学社会主义基本原则，也结合了几千年来中国人民和中华民族的伟大梦想，即国家富强、民族振兴和人民幸福的中国梦。

三、以社会主义核心价值观统领中华传统美德转化发展

社会主义道德是在中华传统美德的基础上结合社会主义革命建设改革的道德生活实践所形成和发展起来的，社会主义核心价值观则集中体现了社会主义道德的基本要求，凝结着全体人民共同的价值理想。社会主义核心价值观作为社会主义道德原则和要求的进一步发展，彰显了中国共产党推进马克思主义同中国具体实践、中华优秀传统文化相结合的实践智慧。"一个民族、一个国家的核心价值观必须同这个民族、这个国家的历史文化相契合，同这个民族、这个国家的人民正在进行的奋斗相结合，同这个民族、这个国家需要解决的时代问题相适应。"[①] 可见，社会主义核心价值观具有深厚的文化根基，传承发展中华传统美德更是培育和践行社会主义核心价值观的必然要求。

改革开放以来，传承中华传统美德逐步成为社会主义道德建设的重要构成，担负着滋养并赋能社会主义道德建设走向深入的功能。针对在社会主义初级阶段如何加强社会主义道德建设的问题，邓小平、江泽

---

① 习近平谈治国理政：第一卷［M］．北京：人民出版社，2018：171．

民、胡锦涛等党和国家领导人做出了重要贡献。邓小平立足于我国正处在社会主义初级阶段的基本国情，定位于由道德建设实际决定的不同道德层次，强调社会主义伦理建设既要关注不同道德素养水平的人们提出的不同诉求，鼓励他们朝着更高层次的道德境界奋斗，也要允许人们在社会分配方面存在的合理差别，反对小生产者的平均主义道德观念，还要鼓励人们践行兼顾国家利益、集体利益同个人利益相结合的集体主义精神，从而在全社会形成以社会主义道德为主体，消解并清除封建主义道德、资本主义道德影响的、系统的社会主义道德教育体系。其中在社会主义道德基本原则问题上，邓小平视增进集体利益为人们道德行为的目的，要求坚持集体主义原则，反对资产阶级利己主义和个人主义，由此他提出"五爱"的道德规范、"四有新人"的理想人格理论及社会主义道德教育理论，显示出现代化和民族化有机结合的特质，对反对民族虚无主义和全盘虚化论、复古主义和国粹主义具有重要意义，为传承中华传统美德、把准传统和现实的关系提供了新的生长点。江泽民伦理思想是对邓小平伦理思想的继承和发展，他针对社会主义经济和国际经济政治形势的新变化，阐述了建设社会主义道德的逻辑思路和基本内容。在他看来，在建立并健全社会主义市场经济的同时，也要兼顾社会主义精神文明建设，而社会主义精神文明建设特别是社会主义道德建设要立足本国、面向世界，在全社会形成以为人民服务为核心、以集体主义为原则、以自律提高人们精神境界和道德素质的社会道德风尚。在传承传统美德的问题上，江泽民认为社会主义道德建设离不开对优秀道德遗产的传承和发扬，特别是团结统一、独立自主、爱好和平及自强不息等传统美德。他认为，"中国人独立自主的民族精神具有坚不可摧的力量。今天，我们在探索自己的发展道路时，坚持从中国国情出发，来解决如何进行经济、政治、文化建设的问题，而不是搬别国的模式"①。江泽

① 江泽民文选：第 2 卷［M］．北京：人民出版社，2006：61.

民指出在继承优秀传统道德并借鉴人类优秀道德成果的基础上，要结合实际赋予中华民族优秀传统道德以新的形式和内涵，使中华优秀传统道德成为社会主义道德建设的重要滋养和人民群众日用常行的准则规范。胡锦涛在前人的基础上，结合中国社会发展步入新阶段的具体实际，提出社会主义荣辱观，丰富和发展了社会主义道德体系，并使中华传统美德同社会主义道德的结合迈向更深处。这一时期，以罗国杰为代表的伦理思想家也对社会主义道德系统化做出了重要贡献。罗国杰指出，社会主义道德建设作为我国现阶段精神文明建设的一项重要任务，要在坚持集体主义道德原则的基础上，明确社会主义的道德价值导向和社会主义的道德建设，推进对封建主义道德残余和资本主义道德侵扰造成的负面影响，这是因为"金钱至上、拜金主义、一切向前看的腐朽的资产阶级思想，最近几年在我国社会中愈来愈滋长蔓延的趋势……这种思想，不但严重地破坏着我国的精神文明建设，最终也必将会越来越明显地破坏和阻碍我国物质文明的建设进程"①。他在分析道德建设价值导向和原则的基础上，结合社会主义初级阶段道德建设的具体实际，阐释了中国传统道德、中国革命道德等伦理思想，为人们提升道德精神境界、提升道德品质（包括职业道德、社会公德、家庭美德和个人品德）、培育理想人格提供了具体指导。

党的十八大以来，高度重视培育社会主义核心价值观在社会主义道德建设中的地位和作用，将继承和发扬中华传统美德视为弘扬和践行社会主义核心价值观的重要任务。2013 年 12 月，中共中央办公厅印发《关于培育和践行社会主义核心价值观的意见》，为加强社会主义核心价值观教育指明方向，并做出重要部署。2014 年 2 月，中共中央政治局以培育和弘扬社会主义核心价值观、弘扬中华传统美德为主题开展集体学习，习近平总书记明确指出："培育和弘扬社会主义核心价值观必须立足中华

① 罗国杰. 伦理学［M］. 北京：人民出版社，1989：3 - 4.

优秀传统文化。中华传统美德是中华文化精髓，蕴含着丰富的思想道德资源。不忘本来才能开辟未来，善于继承才能更好创新。要认真汲取中华优秀传统文化的思想精华和道德精髓，大力弘扬以爱国主义为核心的民族精神和以改革创新为核心的时代精神，深入挖掘和阐发中华优秀传统文化讲仁爱、重民本、守诚信、崇正义、尚和合、求大同的时代价值，使中华优秀传统文化成为涵养社会主义核心价值观的重要源泉。"之后，习近平总书记在同北京大学师生座谈会、在纪念孔子诞辰2565周年国际学术研讨会等会议的讲话中，以及中共中央、国务院先后颁布的《关于实施中华优秀传统文化传承发展工程的意见》《新时代公民道德建设实施纲要》等文件中，阐明了中华传统美德与社会主义核心价值观、社会主义道德根本上的一致性，充分彰显了中华传统美德作为中国人民和中华民族道德实践根基的地位和作用。可见，中华传统美德是社会主义核心价值观的根源，培育社会主义核心价值观也必须以中华传统美德为不竭源泉。

社会主义核心价值观植根于中华优秀传统文化及其美德，凝结了全体人民共同的价值追求，反映着社会主义道德的原则和本质要求，对我国社会生活将持续发挥价值引领和顶层设计作用。当前传承发展中华传统美德，就要"坚持以社会主义核心价值观为引领，将国家、社会、个人层面的价值要求贯穿到道德建设各方面，以主流价值建构道德规范、强化道德认同、指引道德实践，引导人们明大德、守公德、严私德"①。以社会主义核心价值观统领中华传统美德，第一，体现在为社会主义核心价值观奠定了共同的道德基础。社会主义核心价值观源自中国人民和中华民族的道德实践，凝聚了国家、社会、公民的道德规范，寄托着各族人民对美好生活的向往，同时也体现了大同社会、睦邻友好、仁爱等

---

① 中共中央 国务院印发《新时代公民道德建设实施纲要》［N］. 光明日报, 2019 - 10 - 28.

中华传统美德，为在当前价值观多元、道德诉求多样的复杂背景下传承中华传统美德奠定了道德基础。第二，体现在社会主义核心价值观为传承中华传统美德确立了基本要求。社会主义核心价值观立足新时代的历史方位，结合国家、社会和个人需要解决的时代问题，形成了国家、社会和个人层面的价值理念。这些价值理念的具体内容作为当代中国社会最基本的道德要求，符合当前社会的发展规律和人的发展规律，故而其道德要求也是挖掘中华传统美德宝贵资源的价值方向。第三，体现在社会主义核心价值观为弘扬中华传统美德营造了良好道德氛围。当前，"我们要在全社会大力弘扬和践行社会主义核心价值观，使之像空气一样无处不在、无时不有，成为全体人民的共同价值追求，成为我们生而为中国人的独特精神支柱，成为百姓日用而不觉的行为准则"①。党的十八大以来，通过宣传、教育、法律等各方面的措施积极推进社会主义核心价值观转化为具体的道德实践，在全社会形成和谐的社会氛围，为更好传承发展中华传统美德提供了良好的道德环境。

① 习近平. 在文艺工作座谈会上的讲话 [N]. 光明日报，2014 – 10 – 15.

第四章　现当代传承发展中华传统美德的道德实践

中华民族具有重视道德建设和道德实践的优良传统。现当代传承发展中华传统美德不仅从战略大局、顶层设计的视域进行定位和推进，还从道德建设和实践领域推进中华传统美德的现代发展。党的十八大以来，在国内外形势发生深刻变化和改革开放进入深水区的背景下，针对我国国家治理体系和治理能力现代化不够健全以及享乐主义、极端利己主义等不良思想文化和网络有害信息，中国共产党颁布了《新时代公民道德建设实施纲要》《关于实施中华优秀传统文化传承发展工程的意见》，主张正本清源、立根塑魂，强调我国公民道德建设的重要地位，尤其是中华传统美德的时代价值，致力于推动中华传统美德传承发展在新时代取得显著成效。

第一节　中国传统社会公德及其传承发展

　　道德在本质上是对人的类本性即社会关系总和的产物，社会公德是社会公民在社会公共生活领域必须遵守的基本道德规范，即"起码的公共生活规则"①，与私德相对。20世纪初梁启超初步阐释了社会公德，他在《论公德》《论私德》等著作中指出公德以为大多数人的利益服务为内涵，私德则关注个体理想人格的实现，提出私德即"独善其身"，公德即"相善其群"②。罗国杰在《伦理学》一书中指出，社会公德"从广义上说，反映了阶级和民族共同利益的道德为公德。从狭义上说，社会公德就是人类在长期社会生活实践中逐渐积累起来的最简单、最起码的公共生活准则"③。中国传统社会公德生成于中国古代奴隶社会和封建社会，是处理人与社会、人与自然关系的传统社会规范中合乎社会发展规律和人性发展规律的道德规范和道德品质。

一、传统公私之辨及其主要内容

"一切以往的道德论归根结底都是当时的社会经济状况的产物。"④ 马克思主义认为，道德与社会经济结构、社会生活物质条件有关，一定社会的道德是对一定时期社会经济关系的反映。中国传统社会公德主要是对传统社会生产关系的反映，是当时调节公私关系的准则规范，贯穿人与人、人与社会、人与自然等不同利益关系之中。纵观中国传统公私观的生成演变，"公义胜私欲"是传统社会公德的主流，重视社会整体利益，表现为明礼修身、乐善好施、天下为公、天人合一等中华传统美德。

明礼修身是中华传统美德的重要德目，讲求知礼明德、行礼明事，要求人在社会生活中克己修身，使言行合乎礼的规范准则。中国素有"礼仪之邦"之称，礼乐文化同中华民族的生成息息相关。自周公制礼作乐开始，经孔子、孟子、荀子等儒家代表人物的提倡完善，礼乐文明成

---

① 列宁专题文集·论社会主义 [M]. 北京：人民出版社，2009：30.
② 梁启超. 新民说 [M]. 北京：商务印书馆，2016：19.
③ 罗国杰. 伦理学 [M]. 北京：人民出版社，1989：217.
④ 马克思恩格斯文集：第九卷 [M]. 北京：人民出版社，2009：99.

为儒家文化乃至中华文明的核心。中国传统礼仪主要包括吉礼、嘉礼、宾礼、军礼、凶礼，涵盖政治体制、朝廷法典、水旱灾害祈禳，乃至衣食住行、婚丧嫁娶、言谈举止，是一个囊括政治和生活以及个人道德修养准则规范的总体概念。就对个体参与社会生活的准则规范而言，中国传统礼仪文化以平和、中正为内核，认为"不学礼，无以立"（《论语·季氏篇》），强调"人有礼则安，无礼则危"（《礼记·曲礼上》），并高度肯定礼仪对于国家生存发展的重要地位，也就是说"礼义廉耻，国之四维，四维不张，国乃灭亡"（《管子》）。

乐善好施是中国优良道德传统，肯定纾难解困、矜贫恤独、矜贫救厄的优良品质，要求人与人、人与社会、人与自然之间互相帮助，共同创造美好生活。乐善好施语出"闻徵音，使人乐善而好施"（《史记·乐书论》），强调通过传播富有真善美意义的音乐，引导人们养成乐善好施的美德。乐善好施实质上是人的社会本质和类本质的要求，主张人们在社会交往中秉持仁爱之心，以义制利，帮助他人纾难解困，达到民吾同胞的理想境界。正如《孟子·滕文公上》载"夫仁政，必自经界始。……死徙无出乡，乡田同井，出入相友，守望相助，疾病相扶持，则百姓亲睦"，便深刻认识到社会关系的本质，其中的"出入相友""守望相助""疾病相扶持"等内容则明确体现了乐善好施的美德，以期通过人与人的互助达到社会和睦的效果。

天下为公的传统社会公德，是贯穿中国传统社会并在当今仍然绽放光芒的道德规范，而厘清崇公道德就要明晰传统社会经济基础。殷周时期由于土地私有制的出现，便有了王侯之公家与私家以及公私概念的区分。《诗经·国风·豳风·七月》载："一之日于貉，取彼狐狸，为公子裘。二之日其同，载缵武功，言私其豵，献豜于公……跻彼公堂，称彼兕觥，万寿无疆。"① 随着井田制的瓦解，地主土地私有制的形成，公私

---

① 程俊英. 诗经译注［M］. 上海：上海古籍出版社，1985：265－269.

概念逐渐演变成公共公义与私利私情的内涵，如"自环者谓之私，背私谓之公"（《韩非子·五蠹》）。宋明以后伴随商品经济的发展，私的价值逐步被重视，出现公私相通的观念。总体来看，天下为公、公忠为国之公的公共内涵具有普遍性，且延续至今。

天人合一的传统社会公德，重在强调尊重世界万物的运行规律，按照事物发展规律改造自然、改造社会，即"人法地，地法天，天法道，道法自然"（《老子》第25章）。中华文明历来崇尚天人合一、道法自然，反映了中国古代人民处理人与自然关系的实践智慧，要求人们尊重自然、热爱自然，诸如"天地与我并生，而万物与我为一"（《齐物论》）、"民，吾同胞；物，吾与也"（《西铭》）、"仁者以天地万物为一体"（《河南程氏遗书》）等。

中国传统社会公德在重视明礼修身、乐善好施、天下为公、天人合一等中华传统美德的同时，还重点探讨了仁爱、重义轻利、诚实守信等富有民族特色的社会公德。仁爱作为中华传统美德的核心观念之一，要求社会成员在对待人与人、人与集体的关系对应尊重他人、推己及人，如"恻隐之心，人皆有之；羞恶之心，人皆有之；恭敬之心，人皆有之；是非之心，人皆有之"（《孟子·告子上》）。重义轻利强调社会整体利益，要求社会成员在面对个人利益同社会整体利益的矛盾时，能够维护社会整体利益、牺牲个人利益。诚实守信是社会成员生存与发展的必备品格，是人人都要遵守的基本准则，如"人而无信，不知其可也"（《论语·为政》）。

二、传统社会公德的现代发展

传统社会公德以"公利胜私欲"为价值追求，强调维护封建社会秩序。近代以来，在民族危机不断加深的背景下，以维护统治阶级利益和封建社会秩序为内容的传统社会公德发生变化，成为以维护国家独立、民族解放、人民幸福为内容的道德规范。中国共产党一经成立，便结合国家危难、民族危机的实际，倡导以集体主义为原则的社会主义道德乃至共产主义道德。以爱国主义为核心的民族精神集中展现了天下为公、利民富民、以义制利等中华传统美德，体现了重视整体利益的中华传统美德。为提升革命者的党性修养、确保革命成功，毛泽东立足重视国家利益和民族利益的传统爱国美德，强调革命者要确立全心全意为人民服务的宗旨，秉持集体主义原则，正确处理革命利益和个人利益之间的关系，推崇革命利益和奉献精神。在此基础上，毛泽东于1949年9月倡导在全国开展以"五爱"（爱祖国、爱人民、爱劳动、爱科学、爱公共财物）为主题的道德建设活动，而这正是第一次对社会公德的具体描述。进一步，毛泽东针对中华人民共和国成立前后封建道德及资产阶级道德的思想糟粕，指出发展素质教育，尤其是德智体的全面发展，是开展社会公德建设的重要内容。

改革开放后，以邓小平为代表的中国共产党人，批判继承传统文化，充分汲取其中的优良道德，使重视整体利益的中华传统美德成为社会主义精神文明建设的有机构成。为了解放和发展生产力，邓小平以马克思主义义利观为指导，继承"公义胜私欲"的优良道德传统，肯定物质利益对集体建设的重要作用。在他看来，社会主义国家的集体利益和个人利益根本上是一致的，强调集体要尊重和保障个人利益。进一步，邓小平认为道德建设要通过精神文明建设实现，认为"最根本的是要使广大人民有共产主义的理想，有道德，有文化，守纪律。国际主义、爱国主义都属于精神文明的范畴"①。这里的有理想、有道德、有文化、有纪律的"四有"新人，正是邓小平提出的社会公德内容。他在提及青少年的社会公德教育时指出，"要努力使我们的青少年成为有理想、有道德、有知识、有体力的人，使他们立志为人民作贡献，为祖国作贡献，为人类

---

① 邓小平文选：第三卷［M］．北京：人民出版社，1993：28．

作贡献，从小养成守纪律、讲礼貌、维护公共利益的良好习惯"①。

江泽民结合新的发展实际，更为重视中国传统道德，尤其是传统公德的传承发展，并将中国传统道德的发展置于提高全社会思想道德品质与科学的视域中。在《中国传统道德》丛书的题词中，江泽民写道："弘扬中国古代优良道德传统和革命道德传统，吸取人类一切优秀道德成就，努力创建人类先进的精神文明。"基于对包括中国传统公德在内的道德传统的科学认识，江泽民把社会公德视为一种兼具民族性和时代性的文化伦理，要坚持为人民服务和为社会主义服务的方针，并在弘扬社会主义先进文化的过程中"以科学的理论武装人，以正确的舆论引导人，以高尚的精神塑造人，以优秀的作品鼓舞人"②，帮助人们树立正确的世界观、人生观和价值观。在江泽民看来，社会公德建设要植根传统道德，弘扬爱国主义、集体主义和社会主义的主旋律，坚持社会主义义利观，使社会全体成员具有顾全大局、助人为乐、敬业奉献的道德品质。

胡锦涛在继承毛泽东、邓小平、江泽民等关于社会公德思想的基础上，提出以人为本的科学发展观，倡导在构建社会主义和谐社会中加强社会公德教育。胡锦涛认为，"社会主义精神文明建设，尤其是思想道德建设，说到底是做人的工作，是按照'四有'目标做武装人、教育人、提高人、培养人的工作，是要全面提高整个中华民族素质"③，这就要"加强社会公德、职业道德、家庭美德教育"④。其中社会公德正是在"礼之用和为贵""和实生物，同则不继"等传统公德的基础上，形成的调节人与人、人与社会、人与自然的关系的准则规范，即民主法制、公平正义、诚信友爱、充满活力、安定有序、人与自然和谐相处。此外，胡锦涛还提出了践行社会主义荣辱观教育，弘扬传统公德，加强社会公

---

① 邓小平文选：第二卷 [M]. 北京：人民出版社，1994：369.
② 江泽民. 论"三个代表" [M]. 北京：中央文献出版社，2001：159.
③ 胡锦涛文选：第一卷 [M]. 北京：人民出版社，2016：224.
④ 同③，第225页。

德教育，营造和谐社会氛围。

此外，现当代伦理学人也立足社会公德建设的具体实际，对社会主义公德的理论根基、逻辑进路及具体要求进行了详细阐释。罗国杰主编的《伦理学》便是现当代伦理学人立足伦理思想传统，推进马克思主义伦理思想同中国伦理思想传统、社会主义道德建设走向深度融合的典范。该书从社会公共生活要求的一般秩序着眼，详细阐释了社会主义公共道德的生成、内涵、要求及原则等方面的内容。在社会主义公共生活规则方面，他立足我国社会主义初级阶段的基本国情，指出社会主义公共生活规则的理论根基就是在阶级社会里普遍遵循的"起码的公共生活规则"，反映了人类维持公共生活秩序的愿望和要求，提出了社会成员开展社会活动的起码标准和一般要求，同时强调社会主义公共生活规则是人类社会生活发展的需要，具有鲜明的阶级性、时代性。在此基础上，他指出社会主义公共道德是整个社会道德建设的基础之一，包括对日常生活、公共场所及保护资源环境等方面的道德准则，以使社会主义公共生活规则进一步具体化、群众化和经常化。其中，人们在日常生活中处理私人关系要做到文明礼貌和互相尊重、诚实守信和言行一致；在公共场所要自觉遵守公共秩序和纪律，珍惜、爱护公共财物；在同自然界的交往中要自觉遵守环境道德，保护自然环境，维护生态平衡。在社会主义公共道德的精神实质上，该书指出社会主义人道主义精神是社会公共生活的重要内容，社会主义公共道德建设要大力发展这一精神，即尊重人、爱护人，尤其是保护妇女儿童、孤寡老幼等特殊群体。进一步，在对比传统民本思想及资本主义人道思想的基础上，该书指出社会主义人道主义应当包括以下三个方面内容：一是"尊重人的价值和尊严，特别是尊重那些为社会辛勤劳动和作出重大贡献的劳动者的价值和尊严"，二是"关心人的物质和文化的需要，特别是关心广大人民群众的物质和文化的需要"，三是"在尊重人的价值和尊严、关心人、热爱人民的同时，必须同人民的敌人作斗争"①。基于对社会主义公共道德的理论逻辑、历史逻辑及实践逻辑的理论阐释，该书详细阐释了社会主义社会对全体公民提出的道德要求，即爱祖国、爱人民、爱劳动、爱科学、爱社会主义。从社会主义公共道德的理论和实践根基、人道主义精神到具体道德要求，该书较为深刻地论述了社会主义初级阶段全体公民应当遵循的道德准则，显示出以民为本、与人为善、民胞物与等传统社会公德合理成分的升华。

三、新时代传承中国传统社会公德的实践

党的十八大以来，以习近平同志为核心的党中央在传承中华传统美德及推进其现代发展上，注重用中华传统美德推进新时代社会公德建设，为带领中国人民迈向全面建设社会主义现代化国家的新征程奠定精神支撑。人无德不兴，国无德不立。习近平总书记多次明确提出要不断推进社会主义道德建设，注重阐释中华传统美德的价值，并将其同社会公德、职业道德、家庭美德及个人品德的建设相结合，从而在建设富有民族性和时代性的社会主义先进文化的过程中提高人们的道德水平，推进人的自由而全面发展。2019 年颁布的《新时代公民道德建设实施纲要》中明确提到"推动践行以文明礼貌、助人为乐、爱护公物、保护环境、遵纪守法为主要内容的社会公德，鼓励人们在社会上做一个好公民"②。针对社会公德失范现象的频发，习近平总书记指出社会公德建设要以社会主义核心价值观为引领，将法治建设同社会公德建设相结合，进一步提升法律对社会公德的支撑作用，并强调需要加强爱国主义教育、集体主义教育和社会主义教育，从而提升全体公民的道德素养。

以社会主义核心价值观引领传统社会公德，是新时代社会公德建设

---

① 罗国杰. 伦理学 ［M］. 北京：人民出版社，2014：226 - 228.
② 新时代公民道德建设实施纲要 ［M］. 北京：人民出版社，2019：5.

的根本遵循，形成了文明礼貌、助人为乐、爱护公物、保护环境、遵纪守法的新型社会公德。文明礼貌汲取传统礼乐文明的精华，重视礼仪形式和实质的统一，强调以文育人、以礼教人的道德教育传统，主张交往是人类社会本性的内在要求，要求人们在公共生活中遵守文明礼貌的公德规范。助人为乐是中国传统社会公德的重要规范，强调在公共生活中尊重和关爱亲人、熟人及陌生人，要求人们在公共生活领域自觉弘扬助人为乐的美德，使社会上的每个人都感受到道德温度。保护环境是传统天人合一、民胞物与等美德的创新性发展，要求人们尊重作为公共资源的自然环境，自觉保护生物多样性、爱护环境卫生、维护生态系统平衡，实现保护自然环境与保护人类的统一、人与自然的和谐共生。遵纪守法是传统知行合一、以义制利、礼法并施等中华传统美德的现代发展，强调人们在公共生活领域既要自觉遵守道德规范，更要严格遵守法律规范，共同构建沿着法治化轨道前进的社会公德。

可见，新时代社会公德作为起码的社会公共准则，在科学传承传统社会成员普遍遵循的价值追求和道德观念的同时，使中华传统美德富有全民性、普遍性、时代性等特征。全民性强调社会公德作为全体公民在交往交流过程中必须遵守的道德规范，适用于全体公民，摒弃了我国古代社会道德的等级划分或阶级划分。普遍性强调社会公德涵盖人与人、人与集体、人与自然等社会的方方面面，拓宽了传统公德的广度与深度。时代性彰显现当代赋予传统公德新的内涵和形式，使其同新时代社会主要矛盾的变化相一致。

总之，加强社会公德建设，提升社会文明程度，是新时代社会公德建设的主要途径和目标，对新时代营造良好社会风尚、提升公民道德素养具有重要意义。面对不遵守交通规则、乱扔垃圾、破坏社会秩序等不良道德现象，现当代大力弘扬中华传统美德，使其同弘扬社会主义核心价值观、建设社会主义精神文明高度融合。《关于实施中华优秀传统文化传承发展工程的意见》《新时代公民道德建设实施纲要》等一系列文件颁布落实，阐释了中国传统优良社会公德融入社会公德建设的总体要求、重点任务、教育引导及实践养成等内容，为中国传统优良社会公德增加全体社会公民的身份意识和道德责任奠定了坚实的制度根基。

第二节　中国传统职业道德及其传承发展

职业道德建基于人们的职业生活之上，是人们生存发展的重要人生阶段，更是人们实现人生价值并获取人生幸福的核心场域。职业道德作为从事一定职业的人员在职业生活中需要遵循的道德，"就是同人们的职业活动紧密联系的、具有自身职业特征的道德准则……从事某种特定职业的人们，由于有着共同的劳动方式，经受着共同的职业训练，因而往往具有共同的职业兴趣、爱好、习惯和心理传统，结成某些特殊的职业关系，从而产生特殊的行为模式和道德要求"①。这就是说，职业道德是一定社会或阶级的道德在各种职业活动中的特殊表达和具体贯彻。新时代职业道德建设立足于社会主义初级阶段，尤其是变化了的社会主要矛盾，它作为社会主义核心价值观的具体体现，既是当前各行各业从业人员发展需要的反映，也是中国传统职业道德的创造性转化和创新性发展。

一、中国传统职业道德的生成及其主要内容

职业道德是同职业发展的内在需要相适应的一种道德形态。职业作为社会分工的产物，是人类社会发展到一定历史阶段的产物，承载着某

---

① 罗国杰. 伦理学 ［M］. 北京：人民出版社，2014：248.

种社会分工和社会职能。在社会生活中，"每一个阶级，甚至每一个行业，都各有各的道德"①。职业道德起源于原始社会，真正形成是在奴隶社会。受铁制农具推广使用的影响，奴隶社会晚期体力劳动和脑力劳动之间的分工更为明显，导致了各种社会职业和行业的涌现，所谓"国有六职"（《周礼·考工记》）（王公、士大夫、百工、商旅、农夫、妇功）、"百工居肆以成其事，君子学以致其道"（《论语·子张》）等。中国封建社会职业分工进一步细化，职业道德更为发展，其中以农民为主体，形成了勤劳节俭、团结互助、富有人道和勇于反抗压迫等美德。这一时期的商人、手工业者、医师、乐师等诸多职业大量涌现，形成了各行业从业者及调节各行业从业者之间利益的职业道德规范，但封建社会的职业道德不可避免地带有封建色彩，它将安于本分、忠于职守视为保护职业分工和统治阶级长治久安的准则规范，把维护家长制统治作为根本目的。第一，将安于本分、忠于职守的职业道德视为保护现有分工和统治秩序的良策；第二，维护家长制统治是各种职业道德的目的，如"父子相传""子受父训"等古训；第三，各类商人、手工业者、乐师等职业的社会地位十分低下，如"巫医乐师百工之人，君子不齿"（《师说》）、"行贾，丈夫贱行也"（《史记·货殖列传》）。但也要看到，职业道德在漫长的封建社会中，也包含有人类共有的道德文明元素，如"普通一等，皆如至亲"（《大医精诚》）、"能具史识者，必知史德，德者何？谓著书者之心术也"（《史德》）等，对今天职业道德的发展仍具有借鉴意义。总体而言，中国传统职业道德不仅包含家长制等不合乎时代发展的道德规范，而且包含勤俭节约、诚实守信、精益求精、奉献社会等具有普遍意义的优良道德。

勤劳俭约作为传统职业道德，是指从业人员在工作中辛勤劳动，兢兢业业、恪尽职守、不奢侈浪费。其中勤劳具有勤学、勤思、勤行的含

---

① 马克思恩格斯文集：第四卷 [M]．北京：人民出版社，2009：294．

义，在职业生活中要求从业人员认真学习职业知识，把握职业技能，切实将知识和技能转化为劳动成果，并防止好逸恶劳、贪图享乐。如曾国藩在遗嘱中讲"古之圣君贤相，若汤之昧旦丕显，文王日昃不遑，周公夜以继日、坐以待旦，盖无时不以勤劳自励……为一身计，则必操习技艺，磨炼筋骨，困知勉行，操心危虑，而后可以增智慧而长才识"①。俭约意为节省简易，涵盖物质层面的节省和精神层面的顺从自然，即真正按照人自身的本性而选择行为和生活，表现在职业生活中要求从业人员热爱职业，实事求是，钻研技术，减少浪费，如"士能为可贵之行，而不能使俗必贵之也；能为可用之才，而不能使世必用之也"（《抱朴子外篇·任命》）便是这个哲理。

诚实守信作为传统职业道德的要求，同职业的产生发展相伴随，是职业人员相互交往和不同职业团体交往的准则规范。在中国传统社会，诚信与五常之"信"德相关联，最初便是同"信"德结合并实现。"信"德要求真心诚意，"此谓诚于中，形于外"（《礼记·大学》），而这正是诚信美德的内在规定，即表里如一、知行合一。"好恶形于心，百姓化于下，罚未行而民畏恐，赏未加而民劝勉，诚信之所期也"（《管子·立政》）中的"诚信"便是真心真意、诚实不欺的意思，同虚伪欺诈相对。作为职业道德，诚实守信是立人之基、立业之本。正如西方对中国商人的赞誉，"他们精明机智，积极进取，诚实可敬。他们总是严谨地维护良好的商业信誉，因为他们懂得它的重要意义"②。

此外，以追求卓越、开拓创新为意蕴的精益求精，以做好本职工作、不玩忽职守为内容的恪尽职守，以做事认真、与人为善为内容的敬业乐群等，都是中国传统职业道德的精华，蕴含着中国传统社会处理职业生活中各种利益关系的实践智慧，为现当代传承发展中国传统职业道德提

---

① 钟叔河. 曾国藩教子书 [M]. 长沙：岳麓书社，1986：175 - 176.
② 何天爵. 中国人的本色 [M]. 周德喜，译. 北京：文津出版社，2013：186.

供了深厚的文化根基。

二、中国传统职业道德的现代发展

步入近代，受西方资本主义入侵和中国传统小农经济逐步瓦解的影响，中国传统职业道德的存在基础受到侵蚀，从内容和形式上亟须传承发展，本质上要求先进的中国人赋予其新的内涵和形式，使其焕发新的活力。特别是资本主义进入机器大工业的发展时期，社会分工不断细化，极大地提升了生产力水平，体现为广泛的社会职业活动，由此导致职业道德、职业责任越来越受到人们的重视。资本主义职业道德依据资本主义市场活动的行动规则，要求个人和企业家必须服从资本主义社会的秩序，否则终将被排除到经济舞台之外。但我们也要看到资本主义职业道德本质上是对资本主义私有制社会的反映，不可避免地受到个人主义和利己主义道德的影响。需要注意的是，资本主义职业道德在长期发展的历史进程中，包含着契约精神、公正、个人权益等社会公共道德因素。现当代传承中华传统职业美德是在反思传统职业道德并借鉴西方资本主义职业道德合理因素的基础上，依据马克思主义职业道德观，对中华传统职业道德历史形式和历史内容、现代形式和现代内涵及二者沟通机制的探究。按照马克思主义职业道德观，生产活动是最基本的实践活动，因而职业生活便是最主要的社会生活场域，职业道德则是各个具体职业的道德主体。鉴于此，现当代马克思主义者和伦理学人结合中国革命建设改革的具体实际，不断推进中国传统职业道德的现代发展，使其成为协调社会关系、构建良好社会风气的重要依托。

现当代传承传统职业道德以党政干部为主要对象，以政德建设为基本载体，旁及对其他职业道德的建设及引领。新民主主义革命时期，李大钊、毛泽东、刘少奇等都对共产党人的职业道德建设做出了重要贡献。

李大钊在批判传统剥削阶级人生观、资产阶级人生观的基础上，结合中国革命发展的需要，倡导共产主义的人生观，推崇"为世界进文明，为人类造幸福"的人生观，要求广大青年要勇于奋进，为人民幸福和国家繁荣奉献自己的青春。毛泽东结合中国革命的伟大实践，赋予克己奉公、勤劳俭约、以义制利等传统职业道德以新的内涵，他认为共产党员"应该成为英勇作战的典范，执行命令的模范，遵守纪律的模范，政治工作的模范和内部团结统一的模范。……因此，自私自利，消极怠工，贪污腐化，风头主义等等，是最可鄙的；而大公无私，积极努力，克己奉公，埋头苦干的精神，才是可尊敬的"①。刘少奇进一步发展了毛泽东关于共产党人的道德品质论，指出共产党人要用共产主义的道德理论修养自身，"要把数千年来生活在阶级社会中受了各种旧习惯、旧传统影响的人类逐渐地改造过来，提高成为有高等文化程度和技术水平的、聪明的、大公无私的、共产主义的人类"②。

改革开放和社会主义建设新时期，以邓小平、江泽民、胡锦涛等为代表的共产党人进一步挖掘传统职业道德的优良成分，使其富有改革开放新时期的特色。邓小平结合新的道德实践，传承天下为公、恪尽职守等传统职业道德，提出"爱祖国、爱人民、爱劳动、爱科学、爱社会主义"的社会主义道德建设基本要求以及培育"有理想、有道德、有文化、有纪律"新人的道德实践目标，并致力推动"五爱""四有新人"成为各行各业的共同道德规范和培养目标。江泽民深化邓小平关于职业道德建设的新论述，重点探讨了党员干部的道德实践问题，并提出"四自"（自重、自省、自警、自励）、"五慎"（慎初、慎微、慎欲、慎独、慎终）的道德修养理论，强调"古往今来，一切有志有识有为之士，都能够把握自己，以不沉醉于金钱、美女和权力为戒，而凡是沉迷于声色犬

---

① 毛泽东选集：第二卷［M］. 北京：人民出版社，1991：522.
② 刘少奇选集：上卷［M］. 北京：人民出版社，1981：125.

马，没有不玩物丧志的。这方面的古训很多，值得重视"①。

从中国传统职业道德到社会主义职业道德的转型，反映了我国从新民主主义革命到社会主义建设、从半殖民地半封建社会到完整独立的社会主义国家的沧桑巨变，其中传统职业道德的现代发展同社会主义事业的发展密切相关。第一，推进传统职业道德现代发展是社会主义事业发展的客观要求，这同社会发展进程中部分传统职业的新发展和新出现职业的变化密切相关，特别是部分依旧保留的传统职业活动及行为需要结合社会集体利益进一步具体化和时代化。第二，推进传统职业道德现代发展拥有社会主义制度这一坚实可靠的保障。社会主义社会虽然消灭了剥削和被剥削、雇佣和被雇佣的阶级关系和职业关系，但是传统职业道德包含的具有普遍意义的价值理念和道德观念对社会主义职业道德建设仍具有正面价值。同时，社会主义制度为各行各业的职业行为和职业活动提供了保障，要求不同行业的从业人员提升思想觉悟和道德境界，而这更离不开对传统职业道德合理因素的转化发展，如爱国、敬业、诚信、知行合一等传统职业美德。

总体来看，现当代传承传统职业道德结合中国革命建设改革实际的过程，也是社会主义职业道德形成的过程。特别是中国共产党提出的"五爱""四有新人""四自""五慎"等共产党员修养理论贯穿着共产主义远大理想和社会主义集体主义根本原则，批判继承了恪尽职守、大公无私、克己修身等传统职业道德的优良内容，并自觉同传统平均主义、因循守旧、重农抑商等传统职业道德的糟粕作斗争，由此以党政干部遵守优良职业道德引领整个社会职业道德建设的风气，纠正带有行业特点的不正之风。

---

① 毛泽东 邓小平 江泽民 论世界观人生观价值观 [M]. 北京：人民出版社，1997：539.

三、新时代传承中国传统职业道德的实践

"职业伦理越发达，它们的作用越先进，职业群体自身的组织就越稳定、越合理。"① 涂尔干以"职业伦理"代替"职业道德"，主张职业道德同职业发展密切相关，对职业群体的发展有着积极作用。事实上，嵌入社会主义职业道德的传统职业美德，本质上已成为社会主义道德体系的组成部分，诸如集体主义原则同传统整体意识、社会主义人道主义同传统仁爱思想、良心同传统良知等都生动诠释了传统职业美德在社会主义社会职业生活中的价值。从内容上看，中国传统职业道德关注人的发展，实现了职业利益和广大人民群众利益的有机统一，使职业道德服从于人的利益。从生成来看，嵌入社会主义道德的职业道德具有了"灌输性"，从而区别于过去自发形成的旧职业道德，成为马克思主义理论指导下的社会主义职业道德。从价值追求来看，嵌入社会主义道德的传统职业道德倡导热爱劳动、忠于职守，不再以封建社会的门第、民族、出身及性别等要素为道德评价标准，而是以个人的能力及其对社会所做出的贡献为道德评价标准。

党的十八大以来，党和国家高度重视职业道德的理论创新和实践引领，始终以提高职业人员的职业道德素质为根本目标，强调将职业道德要求贯彻到职业活动的全过程。随着中国经济的高质量发展，传统职业不断细分，新形态新行业不断涌现，为新时代职业道德的产生奠定了坚实的现实基础。在理论和实践的密切结合中，新时代职业道德传承传统职业道德，借鉴外来职业道德，面向社会主义建设者和接班人的培养要求，形成了一般性职业道德要求和具体职业道德规范，旨在推动从业人员确立为人民服务的职业理念和职业道德价值观念，形成服务群众、奉

---

① 爱弥儿·涂尔干. 职业伦理与公民道德 [M]. 上海：上海人民出版社，2001：10.

献社会的职业道德理想。

以爱岗敬业、诚实守信、办事公道、热情服务、奉献社会等一般性职业要求为内核的新时代职业道德，具有鲜明的时代特质。爱岗敬业以传统敬业乐群、勤劳俭约等美德为资源，结合社会主义市场经济健康发展的时代要求，要求每个职业人员以辛勤劳动为荣，以好逸恶劳为耻，敬重自己的职业，热爱自己的岗位，勤奋努力，尽职尽责，精益求精，真正做到干一行爱一行、爱一行专一行。诚实守信借鉴传统诚信美德，结合新时代职业生活中职业人员的利益诉求，要求所有从业人员诚实守信、以诚待人、言行一致、珍爱信誉，切实在经济活动中做到重合同、守信用。办事公道传承传统实事求是、以义制利的道德品质，要求每一个职业人员做到按角色做事、按本色做人，不以私害民，不以权损公，不假公济私，秉持实事求是、出于公利、不挟私利的原则，严格按照道德和法律规范处事待人。热情服务继承克己修身的美德，要求从业人员在职业活动中坚持人民至上的原则，坚持一切为人民服务的社会主义道德原则，为群众提供高质量的服务，真正做到在本职岗位上真诚地为人民服务。奉献社会以天下为公、以义制利的中华传统美德为借鉴，要求每一个职业人员在职业生活中通过认真工作和创造性劳动服务他人和社会，形成全心全意为社会和国家作贡献，不计较个人得失的崇高品质。

中华传统职业道德合理成分作为新时代职业道德的组成部分，在新时代社会生活的各个领域得到实现，有力推进了社会主义道德建设，提升了公民道德素养。基于社会主义初级阶段实际的传统职业道德转型，使拼搏、勤俭、创新等传统职业道德的合理成分得到彰显，而这也为社会主义职业道德建设开拓了更为广阔的发展空间。其中最关键的问题就是传统职业道德转型同社会主义市场经济的关系问题，因而传统职业道德现代发展，一方面，要立足社会主义初级阶段的国情，聚焦于社会主义市场经济的基本条件，挖掘传统职业道德的广度和深度，突出传统职业道德中兼顾整体利益、职业利益和个人利益的元素，并旗帜鲜明地坚持集体主义；另一方面，要服务国家经济发展计划和社会发展计划，为传统职业道德注入具有社会主义性质的整体观念和全局观念，同时要弘扬互帮互助、共建共享的传统职业美德，助力诚信社会、文明社会的构建。

总体而言，新时代中国传统职业道德嵌入社会主义职业道德，要结合新时代国内外经济社会发展形势，突出传统职业道德关于整体、诚信、公平等道德观念的内容，使传统职业道德合理成分的价值得到最大限度的呈现。为此，新时代中国特色社会主义职业道德建设应注意以下几方面：第一，职业道德规范的制定要突出传统职业道德的精神和实质。新时代职业道德规范制定以不同行业、职业、岗位的要求和工作特点为根据，以建立目标明确、标准清晰、操作性强、易于检查的职业道德规范，紧密结合各个行业的职业岗位职责、工作制度和管理制度，从而有力地提升职业人员遵守职业道德的自觉性和积极性。以领导干部、国家公务员的《关于改进工作作风、密切联系群众的八项规定》为例，借鉴中国传统天下为公、修齐治平的官德，明确规定了国家干部应该做什么、不应该做什么，应该怎么做、不应该怎么做，切实使广大国家干部自觉遵守职业道德。第二，职业道德教育要挖掘传统职业道德思想资源。新时代职业道德教育结合新时代职业生活发展需要，突出传统辛勤劳动、精益求精的美德，聚焦劳动精神教育、工匠精神教育、科学家精神教育以及优秀企业家精神教育等内容，并采取报告会、座谈会、参观访问等多种多样的形式提升道德教育的实效。以工匠精神教育为例，传承中国传统以实事求是、精雕细琢为内容的敬业精神，形成了干一行爱一行、爱一行精一行的敬业精神，即务实肯干、坚持不懈、精雕细琢的敬业精神。第三，弘扬具备传统职业美德的典型和榜样。"伟大时代呼唤伟大精神，崇高事业需要榜样引领。"① 新时代，教育强国、科技强国、人才强国的统筹推进需要职业道德，而职业道德典范则是加强社会主义职业道德建设的重要途径。"各行各业都有很多值得我们学习的榜样，包括航天英雄、奥运冠军、大科学家、劳动模范、青年志愿者，还有那些助人为乐、见义勇为、诚实守信、敬业奉献、孝老爱亲的好人，等等。榜样的力量是无穷的。"② 加强职业道德建设，要抓典型、树榜样，而以张桂梅、杜富国、黄文秀、黄大年等为代表的"时代楷模"便是各行各业的职业道德典范，无不具有家国情怀和精益求精、自强不息等传统职业道德。

第三节　中国传统家庭美德及其传承发展

"家庭是社会的基本细胞，是道德养成的起点。"③ 家庭作为人类社会发展到一定阶段的产物，是受生产力和物质资料的生产方式决定的，是人类的两性和血缘关系借以建立、赖以确定的社会形式。肯定家庭及家庭关系的社会性，必然要认同家庭的社会本质而非自然的（生物学上的）范畴。这里的家庭范畴首先包含着经济基础方面的内涵，这是由家庭作为社会关系特别是生产关系的承担者所决定的；其次还包含着上层建筑方面的内涵，其原因在于家庭结构和家庭制度是构筑于一定经济基础之上的。家庭美德作为家庭成员处理家庭伦理关系的道德规范和每个家庭成员在家庭生活中需要遵循的行为准则，是一定社会关系及制度准则在家庭关系上的反映，对个人幸福的实现及社会秩序的维系起着支撑作用。

---

① 新时代公民道德建设实施纲要［M］. 北京：人民出版社，2019：11.
② 习近平关于社会主义文化建设论述摘编［M］. 北京：中央文献出版社，2017：121.
③ 同①，第11页。

中国传统家庭美德内涵丰富，意蕴深刻，展现了中国传统家庭处理夫妻关系、长幼关系及邻里关系的准则规范和实践智慧。传承传统家庭美德，以服务于中国革命建设改革的时代使命为准则，以人的自由而全面发展为方向，形成了以尊老爱幼、男女平等、夫妻和睦、勤俭持家、邻里互助等为内容的道德规范体系，为新时代家庭美德建设及家风建设提供了切实的指导，并取得了卓越成效。

一、中国传统家庭美德的生成及其主要内容

中国传统家庭美德形成于传统小农经济社会，同传统男耕女织、一家一户、自给自足的自然经济相适应，是维系传统家庭关系、宗族关系、邻里关系及家国秩序的重要准则，担负着营造传统社会崇德向善的良好风尚的职责使命。在封建社会，私有制出现，男性的社会地位得到提高，财产需由特定子嗣继承，专偶制婚姻便作为主要形式被确定下来。所谓专偶制婚姻是"以经济条件为基础，即以私有制对原始的自然产生的公有制的胜利为基础的第一个家庭形式"[1]。中国传统的一夫一妻制婚姻实质上正是专偶制婚姻，其中夫权、父权占据统治地位，夫妻的结合更是宗族延续、财产继承及不同家族之间联盟的手段。也就是说，"古代所仅有的那一点夫妇之爱，并不是主观的爱好，而是客观的义务；不是婚姻的基础，而是婚姻的附加物"[2]。纵观中国传统家庭道德的发展历程，男女、父子、兄弟等家庭关系的实质虽然是封建等级制的反映，但是其中也包含"尊老爱幼、妻贤夫安，母慈子孝、兄友弟恭，耕读传家、勤俭持家，知书达礼、遵纪守法，家和万事兴等中华民族传统家庭美德"[3]。

---

[1] 马克思恩格斯文集：第四卷 ［M］. 北京：人民出版社，2009：77 - 78.

[2] 同①，第90页。

[3] 习近平著作选读：第一卷 ［M］. 北京：人民出版社，2023：544.

尊老爱幼，妻贤夫安。尊老爱幼是指父母要慈爱孩子、孩子要尊敬父母，蕴含着敬老、爱老、养老、爱子、养子的伦理意蕴和道德规范。"老吾老，以及人之老；幼吾幼，以及人之幼"（《孟子·梁惠王上》）是中华民族的伦理传统。尊老的核心是"孝"，包括"敬老""爱老""养老"的道德旨趣，要求赡养长辈、尊敬长辈、陪伴长辈等重要内容。爱幼要求父母、长辈不仅要关爱自己的子女，而且要仁爱他人的子女，用道德教化幼儿，使幼儿成长成才，这也是每个人的社会责任。妻贤夫安包含夫妻关系和谐、平等恩爱的内容，对婚姻美满长久、家庭稳定发展具有重要意义。"男女正，天地之大义也"（《周易》）、"夫妇之道，参配阴阳，通达神明，信天地之弘义，人伦之大节也"（《女诫》）等都揭示了夫妻和睦的社会地位和功能，阐发了夫妻关系在社会伦理关系中的哲学依据，明确了夫妻和睦对于五伦和谐、社会稳定的价值。如司马光在《温公家范》中以乐羊妻子劝丈夫明德求学的典故，便体现了妻贤夫安对家庭繁荣的支撑地位。

母慈子孝，兄友弟恭。母慈子孝要求父母对子女施以慈道，严格教养子女，子女则对父母尽以孝道，切实履行赡养义务。如《韩诗外传》载："夫为人父者，必怀慈仁之爱，以蓄养其子，抚循饮食，以全其身。及其有识也，必严居正言，以先导之。及其束发也，授明师以成其技。"兄友弟恭意指兄长友爱弟弟、弟弟尊敬兄长，要求人们正确处理兄弟关系，由此延伸到姐妹及不同辈分之间的人。正确处理兄弟关系是传统儒家五伦的重要内容，它主张以仁爱为内核，形成"兄则友，弟则恭；长幼序，友与朋"的和谐局面。《幼学琼林》以专门一节论述总结处理兄弟关系的方式方法，其中"天下无不是的父母，世间最难得者是兄弟"便突出了兄友弟恭之于处理兄弟关系的重要性。又如《颜氏家训》指出兄弟虽然是独立个体，但是血脉相连相通，二者的和谐对家庭家族的发展具有重要意义。

　　耕读传家，勤俭持家。在生产力水平不高的农业社会，耕读传家是维持生存、振兴家庭的根本途径，所谓"传家两字，曰耕与读；兴家两字，曰俭与勤"（《章氏家训》）、"耕与读又不可偏废，读而废耕，饥寒交至；耕而废读，礼义遂亡"（《训子语》），充分表明耕读传家是传统家庭美德。勤俭持家蕴含勤劳、俭约、克己修身的含义，关系到个人成长成才、家庭兴旺发达、国家繁荣昌盛。在中华传统文化视域中，"御家以四教：勤、俭、恭、恕"（《文中子·关朗》），"成家之道，曰俭与勤"（《省心杂言》），表明勤俭是成家立业和克己修身的保障。如康熙《庭训格言》载："民生本务在勤，勤则不匮；丈夫不耕作会受之饥，妇女不蚕会受之寒，是勤可以免饥寒也；至于人们的生活、食物或财富都有定数，若勤俭不贪，则可以养福，亦可长寿。"① 勤俭持家不只是辛勤劳作和节约的生活方式，还是一种简约的精神生活方式，要求家庭成员克己修身，把克制过度的欲望，规范自身的言行作为道德判断的标准，如程朱理学的核心观点"存天理，灭人欲"便强调顺应天理即人的本性，遏制非分过度的想法或欲望。

　　知书达礼，遵纪守法。知书达礼是传统家庭待人接物的重要准则。《论语·季氏》载："不学礼，无以立。"强调通过学习知礼、行礼是一个人立身处世的基本前提，更是家庭美德的重要内容。遵纪守法作为传统家庭美德，要求家庭成员待人接物要合乎礼法，养成正直公道的品格，而这也是一个人融入社会、报国安民的关键，所谓"以家为家，以乡为乡，以国为国，以天下为天下"（《管子·治国》）。总之，一个人只有知书明礼、遵纪守法，才能担负起家庭兴旺、报国尽忠的重任，而这也是传统家庭美德教育的终极目标。

---

① 康熙. 庭训格言［M］. 乌鲁木齐：新疆人民出版社，2001：30.

二、中国传统家庭美德的现代发展

步入近代，受西方资本主义入侵和中国传统小农经济逐步瓦解的影响，中国传统家庭道德的存在基础受到侵蚀，从内容和形式上亟须传承发展，本质上要求先进的中国人赋予其新的时代内涵和形式，使其焕发新的生命力。中国共产党作为中国革命建设改革的领导者，我们党以马克思主义家庭观为指导，积极担负传承中华传统家庭美德现代发展的重任。马克思同恩格斯非常注重家庭的作用，他们在批判继承苏格拉底、柏拉图、亚里士多德等古希腊时期思想先哲，卢梭、洛克、黑格尔等近代资产阶级思想家，托马斯·莫尔、圣西门、傅立叶等空想社会主义者的家庭道德观念的基础上，从历史唯物主义视角出发，把家庭视为实践活动的场所，指出家庭的基础是物质生活，强调家庭发展受生产力发展的制约，指出家庭发展的最终目标是人的自由而全面发展。正如恩格斯在《家庭、私有制和国家的起源》中所讲："根据唯物主义观点，历史中的决定因素，归根结底是直接生活的生产和再生产，但是，生产本身又有两种。一方面是生活资料即食物、衣服、住房以及为此所必需的工具的生产；另一方面是人自身的生产，即种的繁衍。"[①]

现当代社会非常注重家庭在社会发展中的功能，他们以马克思主义家庭观为指导，结合不同时期中国社会的发展实际，借鉴中国传统家庭美德，在社会主义革命和实践中形成了中国化的马克思主义家庭观、现代化的传统家庭美德。毛泽东注意把家庭建设同党的建设、国家命运相联系，由此在家庭建设中注重共产主义教育，强调养成为人民服务的意识。在他看来，"儿童时期需要发展共产主义的情操、风格和集体英雄主

[①] 马克思恩格斯文集：第四卷［M］．北京：人民出版社，2009：15－16．

义的气概，就是我们时代的德育"①"我们不是代表剥削阶级，而是代表无产阶级和劳动人民，但如果我们不注意严格要求我们的子女，他们也会变质"②。邓小平在家庭建设中从人民群众利益出发，重视理想信念教育。在他看来，家庭是社会发展的基本单位，具有社会功能和生产功能，"没有家庭不行，家庭是个好东西""家庭是社会的一个单元"③。他进一步指出，国家利益和人民利益是家庭建设的本质要求，要恪守职责、公私分明、遵纪守法。为此他指出"领导干部，特别是高级干部以身作则非常重要。群众对干部总是要听其言、观其行的"④"如果对个人的、家庭的利益关心得太多了，就没有多大的心思和精力去关心群众了"⑤。江泽民也非常注重家庭建设，他在区分革命时期和新时期家庭建设的基础上，指出随着历史条件和社会环境的变化，领导干部要进一步加强对子女的教育和管理问题，在多个场合指出党政干部"一定要管好自己的配偶和子女，带头树立好的家风"⑥，并提出教育管理的详细要求。胡锦涛丰富和发展了中国共产党人的家庭观，他在肯定家庭对社会生产和社会和谐重要性的基础上，指出要培育家庭美德，强调"加强社会公德、职业道德、家庭美德、个人品德建设，发挥道德模范榜样作用，引导人们自觉履行法定义务、社会责任、家庭责任"⑦。

纵观中华人民共和国成立以来的社会主义家庭道德建设对中华传统美德的传承，大致包括以下三个方面的内容。第一，建立夫妻平等相爱的道德关系。夫妻关系在家庭关系中具有重要地位，这种组织形式是以

---

① 毛泽东文集：第七卷［M］. 北京：人民出版社，1999：398－399.
② 王为衡. 一代领袖家风美谈［J］. 新湘评论，2014（7）：14－17.
③ 中共中央文献研究室. 邓小平年谱：1975—1997：下［M］. 北京：中央文献出版社，2004：1338.
④ 邓小平文选：第二卷［M］. 北京：人民出版社，1994：124.
⑤ 同④，第218页。
⑥ 江泽民文选：第二卷［M］. 北京：人民出版社，2006：187.
⑦ 胡锦涛文选：第二卷［M］. 北京：人民出版社，2016：640.

婚姻关系为基础、以血缘关系为纽带的，为一定的社会条件下的法律和道德观念所承认。夫妻和睦、相敬如宾等传统调节夫妻关系的准则规范，肯定了夫妻关系准则的合理性，但其中男尊女卑的阶级性则是需要摒弃的。社会主义家庭中夫妻关系是平等的，有着深刻的道德意义，表现为男女权利平等和人格平等，同封建社会广大劳动妇女受剥削和压迫的家庭道德有着根本不同。在男女权利平等方面，新中国成立后废除了一切歧视、压迫妇女的反动法律制度，在宪法及选举、劳动等一系列政府法令中都贯彻了男女平等的原则。需要注意的是，法律上的平等成为实际生活中的平等，还需要一个相当的过程，只有夫妻平等相爱，才能处理好各种家庭关系。在男女人格平等方面，区别于传统封建男尊女卑的人格不平等，社会主义道德中的男女双方是基于信任和爱情结成的统一体，形成了双方人格同一化的高层次道德追求。第二，在亲子关系中，社会主义家庭道德建设要求父母必须抚养和教育子女，并从法律上进行规定。"孟母三迁""曾子杀猪""祖昌教孙"等传统道德教育典故彰显着以身作则、仁爱子女等道德理念，涉及物质需要的满足和精神成长的价值引领。在社会主义家庭中，抚养子女是父母的道德义务和法律责任，要求父母通过言传身教引导子女爱党、爱国、爱社会主义，遵纪守法、明礼知义。第三，在对待老人方面，社会主义社会从家庭伦理学的高度出发，指出赡养父母是社会义务，要求子女必须赡养自己的父母，做到礼貌对待老人，尊重老人的意见，关心和爱护老人。

总之，现当代传承中华传统家庭美德的理论探索有力推进了马克思主义家庭观的中国化，密切了马克思主义家庭观同中国传统家庭美德、中国家庭建设实际的联系，推进了中国传统家庭美德的现代发展。质言之，马克思主义家庭观中国化的过程，蕴含中国化马克思主义家庭观生成和中国传统家庭美德的现代发展两个方面。

三、新时代传承中国传统家庭美德的实践

"家庭是人生的第一个课堂，父母是孩子的第一任教师。"① 以习近平同志为核心的党中央高度重视家庭建设，强调家训家风之于个体和社会的重要性，推崇家庭美德及由此产生的良好家风。"广大家庭都要弘扬优良家风，以千千万万家庭的好家风支撑起全社会的好风气。"② 为此，习近平总书记在多个场合提及中国传统家庭美德，指出中国传统家庭美德之于新时代家风建设的价值，强调家庭美德对社会主义道德建设的重要性。

传承中国传统家庭美德作为新时代家庭美德的重要资源，结合新时代家庭建设的实际，具有了新的内涵和形式，形成了以尊老爱幼、男女平等、夫妻和睦、勤俭持家、邻里互助等为内容的富有民族特色的道德规范体系。尊老爱幼是传统家庭美德的重要内容，要求子女尊敬长辈、赡养长辈、陪伴长辈，长辈要从物质和精神上供养子女，而这也是当前家庭美德建设的重点，即子女尊敬父母，父母也尊重子女的人格、权利和隐私。男女平等是社会主义道德的新型内容，摒弃了传统社会"男尊女卑""男主女从"的家庭道德规范，主张男女，尤其是女性是具有独立人格的社会生活主体，要求男女在家庭生活中权利和义务平等、地位和价值平等、人格尊严平等。夫妻和睦作为中国传统家庭美德的核心，主张夫妻同心同德、举案齐眉，在父子、君臣、兄弟、邻里关系的处理上具有重要地位，而新时代夫妻和睦不仅具有坦诚相待、相互理解、相互宽容的传统伦理精神，而且结合当前家庭建设实际要求夫妻生活上相互关心关爱、事业上相互理解支持、情感上相互体贴爱恋。勤俭持家是中

---

① 习近平谈治国理政：第二卷 [M]. 北京：外文出版社，2017：354.
② 同①，第 355 - 356 页。

国传统家庭美德，更是当前家庭建设的内在要求，即强调幸福生活是奋斗出来的，家庭成员要依靠勤劳致富、节约俭朴的美德谋求个体发展和家庭繁荣。邻里互助作为家庭关系的延伸，蕴含着"远亲不如近邻""千金买屋，万金买邻"等中华传统美德，要求邻里之间秉持互相尊重、互相关心、互相关爱的道德态度，形成互帮互助、相互理解、和睦相处的新型邻里关系。

按照《中华人民共和国民法典》规定，家庭应当树立优良家风，弘扬家庭美德，重视家庭文明建设。家庭美德建设具有传承性。中华民族历来重视家庭美德养成，具有"世代忠良""良善之家"之类的说法，认为"国之本在家"，推崇优良家风建设，蕴含重视家庭美德建设的道德旨趣。"家庭和睦则社会安定，家庭幸福则社会祥和，家庭文明则社会文明。"① 可见，传承传统家庭美德作为推进家庭美德建设的重要内容，应该以良好家风建设作为起点。培育社会主义家庭文明新风尚要以正确家庭观为前提。以民主平等、权利与义务相统一、夫妻共享财产等为内容的正确道德观有助于家庭内部建立良好的沟通机制和协调机制，增进家庭成员之间的理解和信任，使家庭成员之间在家庭道德建设上实现利己与利他的统一。同时，培育社会主义家庭文明新风尚还要培育家庭成员正确的爱情婚姻观。相比中国封建社会男尊女卑的爱情婚姻观，新时代爱情婚姻观摒弃封建专偶制婚姻，尊重男女双方在婚姻问题上的自主选择权，肯定婚姻的排他性，强调夫妻双方在婚姻中忠诚相待、珍惜彼此的感情、拒绝外部的诱惑。总之，"无论时代如何变化，无论经济社会如何发展，对一个社会来说，家庭的生活依托都不可替代，家庭的文明作用都不可替代"②。

显然，代替家长制家庭和夫权制婚姻的新的家庭形式以及道德已在

---

① 习近平谈治国理政：第二卷［M］．北京：外文出版社，2017：353－354．
② 同①，第353页。

社会主义社会形成和确立起来。不过，当前我国正处于社会主义初级阶段，受社会生产力发展水平及社会成员道德素质的影响，传统家庭道德的糟粕仍部分存在，制约着传统家庭美德的现代发展，更影响共产主义家庭美德的实现。但是，我们相信，在坚持和发展中国特色社会主义、以中国式现代化全面推进实现中华民族伟大复兴的历史征程中，传统家庭美德的形式及内涵一定会越来越完善，成为中华民族现代文明的重要组成部分。

第四节　中国传统个人品德及其传承发展

社会公德、职业道德及家庭美德作为相对独立的道德形态，最终都要通过个人在公共生活领域、职业生活领域和家庭生活领域的言行所体现出来，都以个人的道德实践为目标。个人品德是个人通过接受社会道德教育和加强自身道德修养形成的，同时在个人的道德心理和道德行为中得以体现的一种稳定性倾向和习惯。可见，个人品德在公民道德体系中具有重要的价值和功能。中国传统个人品德讲求崇德向善，肯定个人的道德品质和精神追求，要求个体在社会实践中遵循和践行优良道德规范，追求崇高道德境界，同当前个人品德建设高度一致。现当代传承传统个人品德以马克思主义道德观为指导，结合中国个人道德建设具体实际，成功推进了中国传统个人品德的现代发展、中国化马克思主义道德观的形成。

一、中国传统个人品德的主要内容及其显著特征

中国传统个人品德反映了传统社会的道德要求，涵盖道德认知、道

德情感、道德意志、道德信念和道德行为等道德修养的各个领域。质言之，中国传统个人品德认为具有优良道德品质的人是一个拥有崇德向善、明辨善恶、坚定志向及知行合一等品格的人。在中华传统文化视域中，大多数思想家都把修身置于为人的首要地位，强调把社会道德原则和道德规范化为自身的德性和德行，并将其同培育理想人格相联系。儒家认为"修身"是"齐家、治国、平天下"的前提和基础，肯定"修己""克己""慎独"，推崇"见贤思齐焉，见不贤而内自省也""善养吾浩然之气"。"修身"的目标在于通过德性和德行相结合的道德实践养成良好的道德习惯，形成真善美统一的理想人格。儒家的"君子""圣人"、道家的"真人""至人"、近代的"新民"等理想人格都体现了中华民族对理想人格的高度关注。正是在几千年个体修身的实践中，形成了包含爱国、明礼、勤劳、自强等内容在内的道德体系。

爱国作为个人品德建设的基本要求，是由中国古代"家国同构"的政治经济状况决定的，揭示了个体自身命运同国家命运的内在关联，要求个体热爱祖国，报效祖国。"长太息以掩涕兮，哀民生之多艰"（《离骚》）、"苟利国家，不求富贵"（《礼记·儒行》）、"一片丹心图报国，两行清泪为思亲"（《立春日感怀》）等充分展现了中华民族的爱国传统，显示出人性的光辉和民族特色。明礼在传统道德体系中就是以礼为道德标准，仁爱他人，谦逊有礼，发挥礼对经世安民的作用。"夫礼者，所以定亲疏，决嫌疑，别同异，明是非也"（《礼记·曲礼上》）、"有礼者敬人……敬人者，人恒敬之"（《孟子·离娄章句下》）等表明了礼的丰厚内涵，"礼，经国家，定社稷，序人民，利后嗣也"（《左传·隐公十一年》）则体现了明礼对治理国家、稳定社会、秩序人民的功能和价值。勤劳作为个人品德，意为勤奋劳动、不辞辛苦，要求勤奋学习、勤奋思考，与懒惰相对，即"勤，劳也"（《说文解字》）。"博学而笃志，切问而近思，仁在其中矣"（《论语·子张》）、"学而不思则罔，思而不学则殆"

（《论语·为政》）、"道虽迩，不行不至；事虽小，不为不成"（《荀子·修身》）等表明了勤劳的丰厚内涵，这些对个体人生价值的实现、自身能力的提升以及物质财富的创造具有重要价值，有助于拓宽善良的发展空间，限制懒惰的发展空间。自强作为个人品德，是个体在自爱、自信的基础上充分认识自己的客观因素，积极进取，努力向上，不甘落后，勇于克服困难，做生活的强者。① "惩违改忿兮，抑心而自强"（《楚辞·九章·怀沙》）、"天行健，君子以自强不息"（《周易》）等表明自强是中华传统美德，意指按照天道的规则而自然行为，并坚持不懈，开拓创新，尽可能创造实现人生价值的空间。总之，"自天子以至于庶人，壹是皆以修身为本"。重视个人品德是中华传统美德的显著特征和重要内容，对深入开展社会主义道德建设，弘扬和践行社会主义核心价值观，推进物质文明和精神文明相协调具有重要意义。

二、中华传统个人品德的现代发展

中华传统个人品德本质上是封建社会统治阶级利益的反映，服从和服务于封建社会秩序稳定、国家治理的需要。但爱国、明礼、勤劳、自强等传统优良品德，虽然是在特定时空下和特定对象下形成的，但是它们合乎人性和社会需要，具有普遍意义。随着近代小农经济逐步破产、封建道德逐步瓦解，如何传承中华传统个人品德也面临着巨大挑战。我们党以马克思主义为指引，以共产党人的品德修养为重点，开拓了中国传统个人品德发展的新空间，使其成为中国人民共有精神家园的出发点和落脚点。

毛泽东立足中国革命建设的实际，秉承集体主义道德原则，批判继承道德遗产，使共产主义道德具有鲜明的民族特色。他认为今天的中国

---

① 许建良. 中华传统美德德目纲要 [M]. 南京：东南大学出版社，2019：66.

由昨天的中国发展而来，强调不能割断历史，要对中华民族道德遗产予以批判地总结，并将优秀道德传统概括为刻苦耐劳、聪明睿智、热爱自由、忧国忧民等品质。进一步，他以共产主义道德的观点改造传统个人品德，将其发展为"五爱"（爱祖国、爱人民、爱劳动、爱科学、爱护公共财物）的"中华人民共和国全体国民的公德"，强调"爱国主义就是国际主义在民族解放战争中的实施"①。邓小平进一步发展了毛泽东提出的社会主义道德规范，指出"五爱"（爱祖国、爱人民、爱劳动、爱科学、爱社会主义）是每个中国人都必须遵守的道德准则，是各行各业人们共同遵守的道德规范。以爱祖国为例，邓小平认为爱国主义是一个历史范畴，在社会发展的不同时期不同阶段有不同的内涵，新时期"中国人民有自己的民族自尊心和自豪感，以热爱祖国、贡献全部力量，建设社会主义祖国为最大光荣，以损害社会主义祖国利益、尊严和荣誉为最大耻辱"②。江泽民积极构建与市场经济体制相适应的社会主义道德体系，提出"以为人民服务为核心，以集体主义为原则，以自律的方式不断提高人们的思想道德素质和精神境界，发展良好的社会风气"③。如他提倡大力弘扬爱国主义，在论述爱国主义是一个历史范畴的基础上，着重论述了爱国主义的内容，认为"在现阶段，爱国主义主要表现为献身于建设和保卫社会主义现代化事业，献身于促进祖国统一事业"④。此外，江泽民还充分汲取传统个人品德资源，提出"四自""五慎"的个体道德教育和道德修养理论。胡锦涛在中央正式文件中首次阐释个人品德建设，他在党的十七大报告中指出："大力弘扬爱国主义、集体主义、社会主义思想，以增强诚信意识为重点，加强社会公德、职业道德、家庭美德、个

---

① 毛泽东选集：第二卷［M］．北京：人民出版社，1991：521．
② 邓小平文选：第三卷［M］．北京：人民出版社，1993：3．
③ 王泽应．20世纪中国马克思主义伦理思想研究［M］．北京：人民出版社，2008：219．
④ 江泽民文选：第一卷［M］．北京：人民出版社，2006：121．

人品德建设。"① 这里道德建设首次由"三德"建设变为"四德"建设，分别从社会层面、组织层面、家庭层面和个人层面提出了相应的道德要求，顺应了我国公民道德建设发展的实际和需要，丰富了社会主义道德建设的理论内涵和实践意义。

纵观现当代传承传统个人品德的历程，这一过程除具有道德传承的一般特征外，还具有自身的特殊性。一是主体性。传统个人品德的现代转化依靠中华民族的集体自觉，并以中华民族对中国传统个人美德的自觉追求和道德教育作为根本动力。从转化过程来看，中华民族有意识地传承优秀传统个人品德，并通过教育及实践等方式展开，同时中华民族成员出于对中华优秀传统文化的礼敬，通过学习、实践、反省、内化等方式使传统个人美德内化为自己的品德。从转化内容来看，传统个人美德的传承面临着社会主义市场经济的挑战，尤其是多样化的道德价值取向和道德规范体系的影响，而这也决定了传统个人美德的内涵和形式必须同现当代中国道德建设的具体实际相结合。二是稳定性。在阶级社会，个人品德总是一定阶级的道德观念和道德规范在个人意识和行为中的体现。质言之，传统个人品德的转化聚焦于其中有助于维护社会秩序和提升个人精神境界的个人美德，诸如知行合一、爱国主义、反躬自省等，而这些传统个人品德同现当代道德建设具体实际相结合，经过批判改造，成为服务于社会主义社会的价值引领。三是整体性。传统个人品德体现在个体生活的方方面面，涉及家庭、社会、自身等方方面面，内含道德认知、道德情感、道德意志、道德信念和道德行为，对个人趋善避恶、辨别是非起着价值引领的作用。这就决定了现当代传承传统个人品德，不能只是局部或片面地传承传统个人品德，而应系统完整地批判继承，即取其精华、去其糟粕。四是实践性。传统个人品德重视个体的德行，要求个体对社会道德价值观念和道德规范体系进行逐步地认同、内化，

① 胡锦涛文选：第二卷［M］．北京：人民出版社，2016：640．

因而现当代传统个人品德要重视挖掘其中关于重视践行的内容，同社会主义公民道德建设注重道德实践养成相契合。

三、新时代传承中国传统个人品德的实践

新时代公民道德建设立足社会发展需要，重视公民道德实践养成。党的十七大报告首次提出道德建设的第四个领域即个人品德，但并未对个人品德的具体要求进行准确全面的概括。2019 年，《新时代公民道德建设实施纲要》在系统全面概括社会公德、职业道德及家庭美德的基础上，全面准确地描述了个人品德的具体道德要求，即："推动践行以爱国奉献、明礼遵规、勤劳善良、宽厚正直、自强自律为主要内容的个人品德，鼓励人们在日常生活中养成好品行。"[①] 新时代个人品德具体要求立足社会发展需要，弘扬和践行社会主义核心价值观，明确了一个具有社会主义道德品质的新时代公民的道德要求，倡导全体社会公民在日常生活中以优良品德为最终目的，以提高中华民族的整体道德素质。

个人品德反映着社会个体的道德修养状况，表现在知、情、意、信、行等五个方面，即道德认知、道德情感、道德意志、道德信念和道德行为。在社会主义社会，一个具有完整个人品德的人应当能够集知、情、意、信、行五种德性于一身。其中道德认知包含明辨善恶、趋善避恶的倾向，道德情感意指对道德的热爱和敬畏，道德意志表现为自觉追求道德并勇敢捍卫道德，道德信念展现为坚信道德真理和正确的道德价值观念，道德行为则是将道德认知、道德情感、道德意志和道德信念落实为实际行动。新时代社会个人品德以马克思主义为指导，以集体主义为原则，展开为爱国奉献、明礼遵规、勤劳善良、宽厚正直、自强自律等品

---

① 中共中央 国务院印发《新时代公民道德建设实施纲要》［N］．光明日报，2019 - 10 - 28.

行，而这些品行唯有内化为社会的德性方能彰显道德的实践精神。为实现这一目标，首先应用正确的道德价值观指引个人品德培养，也就是以正确的道德知识、道德观念和道德准则作为基本遵循。在当今中国社会，"一些领域道德失范、诚信缺失，一些社会成员人生观、价值观扭曲，用社会主义核心价值体系引领社会思潮更为紧迫"①。为此，新时代个人品德建设要坚持用正确的道德观引导个人品德修养，这是由于如果一个社会中正确的道德观不能占据主导地位，错误、落后的道德观就会乘虚而入，甚至会导致个人在道德生活中发生道德偏差并误入歧途。同时，个人品德具有主体性特征，需要社会为个人品德培养提供良好的环境和氛围。马克思指出："观念的东西不外是移入人的头脑并在人的头脑中改造过的物质的东西而已。"② 在推进个人品德建设的过程中，个人受社会影响而形成道德观念的过程是由自己的头脑分析判断、加工改造的过程，而在这个过程中不同的社会环境和氛围都会对个人品德的最终养成产生直接或间接的影响，这就要求我们在开展个人品德建设中既要避免完全知识化的弊端，也要在政治、经济、文化等社会生活领域创造培育个人品德的合力。因此，新时代个人品德建设离不开中华传统美德的滋养，需要中华传统美德为其提供道德思想资源。

新时代个人品德建设传承中华传统美德，要坚持集体主义原则、爱国主义原则和社会主义原则，聚焦群己关系以及由此衍生的人己关系和身心关系，致力于培育个体对个人和集体、个人和他人、个人和自我以及个人和自然间关系的实践智慧。新时代个人品德继承传统个人美德，就是赋予传统个人美德以时代特质，是社会主义道德原则规范体系在个体身上的具体化和现实化。在传承传统个人美德基础上形成的社会主义

个人美德包括以下内容：一是公道正直，强调个体为人处世公道正派，廉洁奉公，不以权谋私，不损人利己；二是忠诚守信，就是热爱党、热爱祖国、热爱人民，在工作生活学习中诚实守信，以诚待人，以诚修身，表里如一，言行一致；三是仁爱礼让，强调爱人，讲求推己及人，与人为善，助人为乐，以礼待人；四是勇敢进取，就是为了真理和正义勇于开拓创新，敢于斗争，善于斗争，具有百折不挠的精神；五是勤劳节俭，要求个体在社会生活中不辞辛劳工作或劳动，不断创造财富，合理使用能源或资源，爱惜时间，不奢侈浪费；六是谦虚谨慎，强调尊重自己、尊重他人，认真仔细、谨言慎行。此外，社会主义个人品德还包括遵纪守法、敬业乐群等内容。可见，总体上社会主义个人品德作为修身美德的同时，还贯穿在社会公德、职业道德和家庭美德之中，要求个人不仅要踏实做人、认真做事，还要按照家庭、职业等不同角色尽职尽责。

新时代个人品德建设结合新的时代条件和实践要求，以社会主义核心价值观为引领，充分彰显了中华传统个人美德的时代价值和永恒魅力，这就要求我们深入挖掘和阐发中国传统个人品德，诠释和激活其中具有当代价值的道德精神。以"共和国勋章"获得者黄旭华为例，他的事迹生动诠释了对祖国尽忠就是对父母尽孝，摒弃了传统愚忠愚孝的糟粕。不断推进传承中国传统个人品德同弘扬社会主义核心价值观的深度融合，充分发挥中华传统个人美德的化育功能。有效贯通传承个人美德同家庭美德建设、职业道德建设和社会公德建设，使传统个人美德蕴含的伦理精神融入人们生活的方方面面。这就是新时代推进传承传统个人品德的理论探索和实践创新。

参考文献

（一）著作类

[1] 马克思恩格斯文集：1–10卷 [M]. 北京：人民出版社，2009.

[2] 列宁专题文集 论马克思主义 [M]. 北京：人民出版社，2009.

[3] 列宁选集：第3卷 [M]. 北京：人民出版社，2012.

[4] 列宁专题文集·论社会主义 [M]. 北京：人民出版社，2009.

[5] 孙中山选集 [M]. 北京：人民出版社，1956.

[6] 陈独秀文章选编 [M]. 上海：上海三联书店，1984.

[7] 陈独秀著作选编：第1卷 [M]. 上海：上海人民出版社，2006.

[8] 毛泽东文集：1–8卷 [M]. 北京：人民出版社，1999.

[9] 邓小平文选：1–3卷 [M]. 北京：人民出版社，1994.

[10] 方志敏文集 [M]. 北京：人民出版社，1985：166.

[11] 冯契文集：1–11卷 [M]. 上海：华东师范大学出版社，2016.

[12] 胡锦涛文选：1–3卷 [M]. 北京：人民出版社，2016.

[13] 胡适文集：1–4卷 [M]. 北京：北京大学出版社，1998.

[14] 建党以来重要文献选编：1921—1949 [M]. 北京：中央文献出版社，2011.

[15] 江泽民文选：1–3卷 [M]. 北京：人民出版社，2006.

[16] 李大钊全集：1–5卷 [M]. 北京：人民出版社，2016.

[17] 刘少奇选集：上下卷 [M]. 北京：人民出版社，1981.

[18] 毛泽东 邓小平 江泽民 论世界观人生观价值观 [M]. 北京：人民出版
社，1997.

［19］十六大以来重要文献选编：下 ［M］. 北京：中央文献出版社，2006.

［20］十三大以来重要文献选编：中 ［M］. 北京：中央文献出版社，1991.

［21］谭嗣同全集：下册 ［M］. 北京：中华书局，1981.

［22］谢觉哉文集 ［M］. 北京：人民出版社，1989.

［23］陶铸文集 ［M］. 北京：人民出版社，1987.

［24］魏源全集：第 13 册 ［M］. 长沙：岳麓书社，2011.

［25］恽代英文集：上卷 ［M］. 北京：人民出版社，1984.

［26］张岱年文集：第 1 卷 ［M］. 北京：清华大学出版社，1989.

［27］周恩来选集：上下卷 ［M］. 北京：人民出版社，1980.

［28］习近平关于社会主义文化建设论述摘编 ［M］. 北京：中央文献出版社，2017.

［29］习近平谈治国理政：1－4 卷 ［M］. 北京：外文出版社，2014.

［30］习近平著作选读：1－2 卷 ［M］. 北京：人民出版社，2023.

［31］习近平. 在纪念孔子诞辰 2565 周年国际学术研讨会暨国际儒学联合会第五届会员大会开幕会上的讲话 ［M］. 北京：人民出版社，2014.

［32］习近平. 在哲学社会科学工作座谈会上的讲话 ［M］. 北京：人民出版社，2016.

［33］习近平. 在文艺工作座谈会上的讲话 ［M］. 北京：人民出版社，2015.

［34］中共中央文献研究室. 邓小平年谱：1975—1997 ［M］. 北京：中央文献出版社，2004.

［35］中共中央文献研究室. 习近平关于社会主义文化建设论述摘编 ［M］. 北京：中央文献出版社，2017.

［36］中共中央文献研究室. 习近平关于实现中华民族伟大复兴的中国梦论述摘编 ［M］. 北京：中央文献出版社，2013.

［37］中共中央文献研究室. 三中全会以来重要文献选编 ［M］. 北京：中央文献出版社，2011.

［38］中共中央宣传部. 习近平总书记系列重要讲话读本 ［M］. 北京：学习出版社，人民出版社，2016.

［39］中国社会科学院现代史研究室. "一大前后"：中国共产党第一次全国代表大会前后资料选编（一）［M］. 北京：人民出版社，1980.

［40］中共中央宣传部. 习近平新时代中国特色社会主义思想三十讲［M］. 北京：学习出版社，2018.

［41］新时代公民道德建设实施纲要［M］. 北京：人民出版社，2019.

［42］程俊英. 诗经译注［M］. 上海：上海古籍出版社，1985.

［43］江泽民. 论"三个代表"［M］. 北京：中央文献出版社，2001.

［44］金冲及. 毛泽东传：1893—1949［M］. 北京：中央文献出版社，1996.

［45］李奇. 道德科学初学集［M］. 上海：上海人民出版社，1984.

［46］李奇. 道德学说［M］. 北京：中国社会科学出版社，1989.

［47］李泽厚. 中国现代思想史论［M］. 北京：生活·读书·新知三联书店，2008.

［48］梁启超. 新民说［M］. 北京：商务印书馆，2016.

［49］罗国杰. 马克思主义伦理学［M］. 北京：人民出版社，1982.

［50］罗国杰. 中国革命道德［M］. 北京：中国人民大学出版社，2013.

［51］罗国杰. 伦理学［M］. 北京：人民出版社，1989：24.

［52］罗国杰. 中国伦理思想史：上下卷［M］. 北京：中国人民大学出版社，2008.

［53］毛泽东早期文稿［M］. 长沙：湖南人民出版社，2008.

［54］唐凯麟，王泽应. 中国现当代伦理思潮［M］. 合肥：安徽文艺出版社，2017.

［55］王泽应. 20世纪中国马克思主义伦理思想研究［M］. 北京：人民出版社，2008.

［56］王泽应. 马克思主义伦理思想中国化研究［M］. 北京：中国社会科学出版社，2017.

［57］王泽应. 马克思主义伦理思想中国化最新成果研究［M］. 北京：中国人民大学出版社，2018.

［58］徐小跃. 什么是中华传统美德［M］. 南京：江苏人民出版社，2018.

［59］许建良. 中华传统美德德目纲要［M］. 南京：东南大学出版社，2019.

［60］张君劢，丁文江，等. 科学与人生观［M］. 济南：山东人民出版社，1997.

［61］钟叔河. 曾国藩教子书［M］. 长沙：岳麓书社，1986.

［62］周原冰. 道德问题论集［M］. 上海：上海人民出版社，1980.

［63］朱文通. 李大钊传［M］. 天津：天津古籍出版社，2005.

［64］楚图南文选［M］. 北京：中共党史出版社，1993.

［65］章太炎政论选集：上册［M］. 北京：中华书局，1977.

［66］周扬文集：第 2 卷［M］. 北京：人民文学出版社，1985.

［67］罗国杰. 改革开放与道德导向：第五次全国伦理学讨论会论文集［M］. 长春：吉林人民出版社，1990.

［68］柴文华. 再铸民族魂：中国伦理文化的诠释和重建［M］. 哈尔滨：黑龙江教育出版社，1997.

［69］郭洪纪. 儒家伦理与中国文化转型［M］. 西宁：青海人民出版社，1996.

［70］陈来. 传统与现代：人文主义的视界［M］. 北京：生活·读书·新知三联书店，2009.

［71］陈瑛. 中国传统伦理与社会主义先进文化［M］. 北京：中国社会科学出版社，2012.

［72］樊浩. 中国伦理道德报告［M］. 北京：中国社会科学出版社，2010.

［73］何怀宏. 新纲常：探讨中国社会的道德根基［M］. 成都：四川人民出版社，2013.

［74］姜广辉. 中国经学思想史［M］. 北京：中国社会科学出版社，2003.

［75］焦国成. 中国伦理学通论：上下册［M］. 太原：山西教育出版社，1997.

［76］罗国杰. 建设与社会主义市场经济相适应的思想道德体系［M］. 北京：人民出版社，2011.

［77］罗国杰. 传统伦理与现代社会［M］. 北京：中国人民大学出版社，2012.

［78］江畅. 德性论［M］. 北京：人民出版社，2011.

［79］李瑞智，黎华伦. 儒学的复兴［M］. 范道丰，译. 北京：商务印书馆，1999.

［80］罗哲海. 轴心时代的儒家伦理［M］. 陈咏明，瞿德瑜，译. 郑州：大象出版社，2009.

［81］阿拉斯戴尔·麦金太尔. 追寻美德：道德理论研究［M］. 宋继杰，译. 北京：译林出版社，2003.

［82］弗兰西斯·福山. 信任：社会道德与繁荣的创造［M］. 李宛蓉，译. 呼和浩特：远方出版社，1998.

［83］H. 斯图尔特·休斯. 欧洲现代史：1914—1980 年［M］. 北京：商务印书馆，1984.

［84］埃德加·斯诺. 红星照耀中国［M］. 北京：人民文学出版社，2016.

［85］本杰明·史华兹. 古代中国的思想世界［M］. 程刚，译. 刘东，校. 南京：江苏人民出版社，2004.

［86］何天爵. 中国人的本色［M］. 周德喜，译. 北京：文津出版社，2013.

［87］A. H. 季塔连科. 马克思主义伦理学［M］. 愚生，重耳，译. 上海：上海译文出版社，1981.

［88］尼采. 论道德的谱系·善恶之彼岸［M］. 谢地坤，等译. 桂林：漓江出版社，2000.

［89］爱弥儿·涂尔干. 职业伦理与公民道德［M］. 渠东，付德根，译. 上海：上海人民出版社，2001.

［90］WILLIANMS B. Ethics and the limits of philosophy［M］. Oxfordshire：Taylor & Francis – Routledge，2011.

［91］BRINK D O. Moral realism and the foundations of ethics［M］. Cambrige：Cambrige University Press，2008.

［92］GRIMI E. Virtue ethics：retrospect and prospect［M］. Switzerland：Springer Nature，2019.

［93］ALTMAN M C. Altman：kant and applied ethics［M］. New York：John Wiley and Sons Ltd. Publication，2011.

（二）古代典籍类

［1］朱熹. 四书章句集注［M］. 北京：中华书局，2011.

［2］康熙. 庭训格言［M］. 乌鲁木齐：新疆人民出版社，2001.

［3］王夫之. 船山全书：第3册［M］. 长沙：岳麓书社，2011.

［4］郑玄. 礼记正义［M］. 北京：北京大学出版社，1999.

［5］刘勰. 增订文心雕龙校注［M］. 北京：中华书局，2000.

［6］张载. 张载集［M］. 北京：中华书局，1978.

［7］陈亮. 陈亮集［M］. 北京：中华书局，1987.

［8］王守仁. 王阳明全集［M］. 上海：上海古籍出版社，2011.

［9］王夫之. 船山全书：第2册［M］. 长沙：岳麓书社，2011.

［10］王夫之. 船山全书：第6册［M］. 长沙：岳麓书社，2011.

[11] 王夫之. 船山全书：第 12 册 ［M］. 长沙：岳麓书社，2011.

[12] 金圣叹. 金圣叹全集：第 1 册 ［M］. 南京：凤凰出版社，2016.

[13] 戴震. 戴震全集：第 1 册 ［M］. 北京：清华大学出版社，1991.

＊（先秦诸子典籍的点校通行本较为普及，这里不再列出）

（三）报纸期刊类

［1］林进平，林展翰. 共产主义道德：通往共产主义事业的理论创新 ［J］. 湖南师范大学社会科学学报，2022（1）：25 – 32.

［2］乔法容. 中国革命道德：马克思主义中国化的重要理论成果 ［J］. 伦理学研究，2012（6）：8 – 13.

［3］王为衡. 一代领袖家风美谈 ［J］. 新湘评论，2014（7）：14 – 17.

［4］王文东，李伟. 中国共产党传承发展中华传统美德的百年历程及基本经验 ［J］. 宁夏社会科学，2022（4）：5 – 12.

［5］赵信彦，杨慧. 中国共产党传统文化观的百年演进：历程、经验与启示 ［J］. 理论导刊，2022（1）：30 – 36.

［6］原冰. 坚持马克思主义道德科学党性原则：《道德科学知识讲话》再版序言 ［J］. 江淮论坛，1984（2）：50 – 55，61.

［7］陈玉斌，刘友田. 从"上帝死了"到"上帝复活"：尼采"超人"思想探析 ［J］. 南京航空航天大学学报（社会科学版），2019（3）：37 – 41.

［8］刘如梅，张韬. 近代中国特殊国情下的思想博弈 ［J］. 贵州社会主义学院学报，2018（2）：42 – 46.

［9］罗国杰. 论"五四"以来的中国革命道德 ［J］. 高校理论战线，2000（1）：28 – 33.

［10］王昌英. 论马克思主义理论实践的时代主题 ［J］. 求索，2011（2）：63 – 65.

［11］杨国宜. 五四运动对封建道德的批判 ［J］. 历史教学，1981（5）：2 – 7.

［12］焦国成. 论中国特色社会主义道德体系研究 ［J］. 江西师范大学学报（哲学社会科学版），2015（1）：3 – 9.

［13］王文. 建党百年的全球意义 ［J］. 国外社会科学，2021（3）：29 – 33.

［14］曹萍，李仁银. 文化领导权的现实构建 ［J］. 理论视野，2013（10）：34 – 37.

［15］林进平. 把握"两个结合"的唯物辩证法精神，建设中华民族现代文明 ［J］.

学术研究，2024（2）：1－7.

［16］赵信彦，周向军. 习近平关于中华优秀传统文化"两创"重要论述的内在逻辑
　　　 ［J］. 当代世界社会主义问题，2021（3）：3－11.

［17］胡乔木. 关于共产主义思想的实践［J］. 思想理论教育导刊，2016（4）：
　　　 4－7.

［18］许建良. 中华传统美德的核心精神论［J］. 东南大学学报（哲学社会科学版），
　　　 2016，18（2）：29－41，46.

［19］唐凯麟. 试论道德价值的生成：公民道德建设中的一个基本的理论问题［J］.
　　　 伦理学研究，2004（5）：11－15.

［20］王泽应. 论承继中华优秀传统文化与践行社会主义核心价值观［J］. 伦理学研
　　　 究，2015（1）：6－10.

［21］朱贻庭. "本""末"之辨说道德：当前道德治理必须关注的一个问题［J］. 道
　　　 德与文明，2013（2）：5－8.

［22］朱贻庭. 社会价值要坚持价值导向的大众方向［J］. 探索与争鸣，2016（9）：
　　　 38－42.

［23］赵修义. 伦理学就是道德科学吗？［J］. 华东师范大学学报（哲学社会科学
　　　 版），2018（6）：45－51，173.

［24］赵亚静. 冯契的智慧学说新探［J］. 高校理论战线，2008（8）：39－43.

［25］周炽成，潘继恩. 儒家人生理想与中国古代知识分子的人生现实［J］. 华东师
　　　 范大学学报（社会科学版），1995（3）：7－10.

［26］周利方. 现时代合理价值体系建构：冯契的探索［J］. 党史文苑，2016（04）：
　　　 70－74.

［27］吴瑾箐. "道德"概念界定的学理争鸣［J］. 江西师范大学学报（哲学社会科
　　　 学版），2015（1）：10－17.

［28］肖祥. 改革开放40年中国马克思主义伦理学建设的基本经验［J］. 齐鲁学刊，
　　　 2019（1）：76－84.

［29］王文东. 新时代德性伦理"一体五位论"：统合哲学诠释学和经学解释学视域
　　　 建构德性伦理的一种可能思路［J］. 西北师大学报（社会科学版），2020（5）：
　　　 97－110.

［30］胡乔木．关于人道主义和异化问题［N］．人民日报，1984 – 01 – 27.

［31］梁启超．欧游心影录［J］．《晨报》副刊，1920 – 03 – 06 至 1920 – 08 – 17.

［32］习近平在纪念李大钊同志诞辰 120 周年座谈会上的讲话［N］．人民日报，2009 –
　　 10 – 29（1 – 3）.

［33］习近平在庆祝中国共产党成立 95 周年大会上的讲话［N］．人民日报，2016 –
　　 07 – 02（1 – 8）.

［34］中共中央、国务院印发《新时代公民道德建设实施纲要》［N］．光明日报，
　　 2019 – 10 – 28（1）.

［35］中共中央关于社会主义精神文明建设指导方针的决议［N］．人民日报，1986 –
　　 09 – 29（1）.

［36］《共产党》第四号短言［J］．共产党（第 4 号），1921 – 05 – 07.

［37］中共中央关于深化文化体制改革　推动社会主义文化大发展大繁荣若干重大问
　　 题的决议［N］．人民日报，2011 – 10 – 26（1）.

（四）学位论文类

［1］陈成玉．习近平关于道德建设重要论述研究［D］．贵阳：贵州师范大学学位论
　　 文，2021.

［2］杜雪娇．新时代大学生中华传统美德教育研究［D］．长春：东北师范大学学位
　　 论文，2019.

［3］余文好．现代化进程中大学生传统美德教育研究［D］．福州：福建师范大学学
　　 位论文，2016.

［4］谢新春．李大钊伦理思想研究［D］．南京：南京师范大学学位论文，2015.

［5］廖济忠．梁漱溟伦理思想研究［D］．长沙：中南大学学位论文，2010.

［6］陈剑旄．蔡元培伦理思想研究［D］．长沙：湖南师范大学学位论文，2004.